北京舞蹈学院
70周年校庆
系列丛书

Philanthropy:
The Art Application for Youth

Edited by Liu Yan

刘岩 主编

艺术与青年公益

文化艺术出版社
Culture and Art Publishing House

图书在版编目（CIP）数据

艺术与青年公益 / 刘岩主编. -- 北京 : 文化艺术出版社, 2024.8. -- (北京舞蹈学院70周年校庆系列丛书). -- ISBN 978-7-5039-7649-0

Ⅰ. D432

中国国家版本馆CIP数据核字第202470FV75号

艺术与青年公益

主　　编	刘　岩
丛书统筹	董良敏　江楚锐
责任编辑	董良敏　官　嫔
责任校对	董　斌
封面设计	顾　紫
版式设计	马夕雯
出版发行	文化藝術出版社
地　　址	北京市东城区东四八条52号　（100700）
网　　址	www.caaph.com
电子邮箱	s@caaph.com
电　　话	（010）84057666（总编室）　84057667（办公室） 　　　　84057696—84057699（发行部）
传　　真	（010）84057660（总编室）　84057670（办公室） 　　　　84057690（发行部）
经　　销	新华书店
印　　刷	北京雅昌艺术印刷有限公司
版　　次	2024年9月第1版
印　　次	2024年9月第1次印刷
开　　本	787毫米×1092毫米　1/16
印　　张	11.75
字　　数	155千字
书　　号	ISBN 978-7-5039-7649-0
定　　价	58.00元

版权所有，侵权必究。如有印装错误，随时调换。

北京舞蹈学院 70 周年校庆系列丛书
编委会

主 任

巴 图　许 锐

副主任

邓佑玲　惠 彤　苏 娅
高 度　张建民　张 军

委 员

李 卿　程 宇　张海君　项 菲
阮 伟　张延杰　胡淮北　张立军
张云峰　李 馨　刘 轩　宋海芳
张晓梅　黄笑冰　党 奇　黄 凯
任冬生　白 涛　周 鹏　刘 洁

秘 书

雷斯曼　张乐雁

《艺术与青年公益》
—— 编委会 ——

主　编　刘　岩
副主编　尚思乔
编　委　李晓丹　孙　苪

总序

静水流深，沛然莫御。人类通过舞蹈艺术感知生活、阅读社会、理解时代，因舞蹈之灵动和诗意，文明变得更加熠熠生辉。

在被誉为"舞蹈家摇篮"的北京舞蹈学院就聚集着这样一批人，他们以对舞蹈教育的赤诚之心、踔绝之能和鸿鹄之志提炼生活、传播文化、承载文明。从香饵胡同、白家庄、陶然亭到今日的万寿寺1号，七十载舞榭艺堂，七十载秋月春风。

历史是人类一切成就和进步的见证，也是未来的引领。欲流之远，必浚其源，唯有敬畏传统，礼敬前贤，守正创新，拾阶而上，方可青山依旧，绿水长流。站在70年办学的历史之巅，我们抚今追昔，凭高望远，倍加珍惜前辈先贤奠定的坚实教育基业，愈加敬畏中国舞蹈波澜壮阔的发展历史。

回眸70载，北舞人因事而化、因时而进、因势而新，始终坚持"双百"方针、"二为"方向和"双创"指引，以中国舞蹈教育"国家队"的责任引领发展方向。北舞始终是新中国舞蹈教育的奠基者、舞蹈教育体系的创建者、舞蹈高端人才的培养者、舞蹈先进观念的引领者、舞蹈先锋作品的研创者。学院积淀了中国舞蹈教育近现代发展的历史底蕴，借鉴国际舞蹈发展的最新成果，形成具有鲜明中华文化属性和开放包容特质的办学传统，成为中华舞蹈文化的守正创新者，使中国舞蹈成为世界舞蹈中具有鲜明文化辨识度的重要组成部分。

木铎金声，滋兰树蕙。回眸70载，学院先后培养了19195名学生，其中4475名中专生、7730名本科生、1953名研究生、380名留学生、4657名继续教育学历生。这些人才支撑了新中国不同时期对舞蹈高端人才的基本需求。70年来，我们将舞蹈艺术教育的触角探向丰富多彩的美育世界，非学历教育覆盖5.51万人次，舞蹈考级教育覆盖1100万余人次，培训专业从业人员125万余人次，这让舞蹈艺术的光辉几乎照亮全中国每一个角落，可谓"芝兰绕阶，桃李满园"。

回眸70载，学院集聚了全国最优秀的舞蹈师资，先后有1547名教师在校园里披星戴月，播种耕耘，甘为人梯，筑梦桃李，形成集成牵引的人才矩阵、近悦远来的人才生态和名师荟萃的聚才效应。"人事有代谢，往来成古今。"历代北舞教师听党话、跟党走，心怀祖国人民，响应时代号召，追求艺术理想，以身许国，以舞言志，对事业矢志追求，对同道热情托举，对学生真诚关爱，既为经师，亦为人师。

"岁月不居，时节如流。"回眸70载，新中国舞蹈教育事业与时代同行，不断成其大，就其深，中国式现当代舞蹈事业蒸蒸日上，蔚然成林。回溯峥嵘岁月，有风雨如晦，有惊涛拍岸，北舞前贤砥砺廉隅，依然坚忍不拔，孜孜以求，昨今往事，均付时光。他们以舍我复谁的气度、负重致远的担当，筚路蓝缕，以启山林，无顾寒俭之素，无畏创基之艰，无常、无我、无畏，先觉、先行、先创，"羊公碑尚在，读罢泪沾襟"。

犹记得，那天，在漫天之雨中，我们涕零如雨，缅怀奠基学院事业的首任校长戴爱莲先生，追念创校前辈们的风雨人生；那天，我们在学院内树立吴晓邦先生塑像，学术性复原先生正在佚失的舞蹈作品；那天，我们纪念陈锦清院长，从家属手中接过沉甸甸的工作笔记；那天，我们在人民大会堂纪念贾作光先生诞辰一百周年，在国家大剧院再现先生创演的作品……至今，一系列"礼敬前贤，致敬大先生"的活动仍在进行中。

事变境迁，皆有所以。在学院 70 年院庆之际，我们追溯既往，审思当下，镜鉴未来，便有了学院系列文化计划。

我们通过"70 年 70 堂公开课计划"，遴选出 70 堂代表性课程，聚焦教育教学和人才培养核心领域，沉淀办学历史，展示办学成就，汇聚办学力量，研发课程课例，实现典型示范，分享教育资源，赓续教学传承。

我们通过"70 年 70 部原创小微作品扶持计划"，搭建舞蹈学府积累知识、创造学问、滋养文化的平台，助推学院优秀教师及青年学子苦心向学，探索未知，以创促学，化茧成蝶，激醒编创欲望，激发编创潜能，激活艺术机制，激励艺术创造。

我们通过"70 年 70 部短视频传播计划"，利用数字化媒介收集、整理、传播学院优秀的教育案例、有价值影响力的校园生活、代表性艺术家和艺术活动，向社会输出有能量、有高度、有温度的舞蹈文化。

我们通过"70 年 70 部优秀著述出版计划"，披沙拣金，掇菁撷华。几代北舞人撰书立学，以著述表达思想，以研究探索未知，在传承弘扬北舞文化传统上见人、见事、见情、见思想、见文化。

我们希望此书系面对时代的变迁、社会的转型、艺术的发展、审美的变化，以强烈的历史主动性、以自觉的艺术教育思考向舞蹈的至深处进军，理解艺术真谛，把握艺术规律，捕捉舞蹈发展新气息，创造舞蹈文化新场面，引导舞蹈艺术新风尚，不断突破认知边界，以对艺术更深刻的理解驱动舞蹈教育面向未来的发展。

我们希望通过此书系能梳理学院教育制度沿革的历史、学科专业发展的历史、课程教材发展的历史，梳理代表性教师、代表性课程、代表性教材、代表性学术成果、代表性剧目创作及代表性艺术教育观念，更深刻地反映中国舞蹈教育发展的理论高度、思想深度、实践厚度、情感温度，成为呈现中国舞蹈教育历程的信史、揭示中国舞蹈教育规律的密钥。

我们希望此书系能深刻总结北舞人特有的精神世界，即站在巅峰依然眺望远方的鸿鹄之志、海纳百川的艺术观念、接续发展的科学战略、自我革命的进取之心、敏言力行的优良作风、团结合作的统一步调、激发艺术活力的民主风气。自觉弘扬历代北舞人在艺术教育过程中所体现的政治坚定的立场，历史主动的精神，开放包容的气度，求是致用的作风，实践思维的方法，文舞相融的观念，爱国爱校爱舞蹈的情怀和为人民而舞、为时代建功的价值追求。

我们希望此书系能主动聚焦国家重大文化战略需求，系统回答舞蹈艺术领域的人民之问、时代之问、中国之问、世界之问，研究解决事关中国舞蹈特别是舞蹈教育全局性、根本性、关键性的重大问题，全面构建中国特色舞蹈艺术的学科体系、学术体系、话语体系，为舞蹈教育面向未来的发展提供理论先导。以学术的方式让美的艺术更有文化，让美的涵养更加厚重。

我们希望此书系能认真总结历代北舞人探索未知、及锋而试的勇气，不期修古，不法常可，随时势而脉动，立潮头而奋发，实现传统与现代的有机衔接，打开舞蹈教育创新空间，以先进舞蹈文化的真理之光激活优秀办学传统的基因，推动舞蹈教育的生命更新和现代转型，推动优秀办学经验和传统文化的创造性转化和创新性发展，建设中华民族现代舞蹈文明。

"江山留胜迹，我辈复登临。"对历史最好的礼敬就是创造新的历史，对传统最好的礼敬就是创造现代文明。当今正是春风时，建设中国舞蹈高端人才培养中心、中国舞蹈学术研究中心、中国舞蹈作品研创中心、中国舞蹈文化传承创新中心、中国舞蹈数字教育中心的宏图正在北舞全面展开。我们应以先进的舞蹈教育观念、优质的舞蹈教育扩容、贤哲云集的人才变量效应，以及更自觉的舞蹈学术、学院风格的舞蹈创作、更开放包容的舞蹈教育国际化、舞蹈教育的数字化赋能、舞蹈课堂中的革命风暴迎接未来。

"天地英雄气，千秋尚凛然。"人类的具体历史，一定是所有人的历史，每个人和每件事都将被铭记在历史长河中。70年来，是无数或知名或不知名的北舞人的具体历史实践，所贡献出的光和热，带给我们无限温暖和精神力量，形成了独属于北舞的精神世界。回眸70年激情的历史和光辉的岁月，是几代北舞人的拼搏、奋进、勇气和担当，是几代北舞人传承有序、艺脉相承的生动缩影，代代滋养，代代花开。我们谨以本套书系向过去、当下和未来忠诚献身舞蹈教育者致敬。

北京舞蹈学院党委书记

北京舞蹈学院党委副书记、院长

2024年7月

序

  从专业学习舞蹈开始，我一直坚持并坚定地实现着我的舞蹈理想。然而，人生命运的转折不期而至，自2008年北京奥运会开幕式摔伤之后，我开始真正思考接下来的工作、学习甚至人生要如何选择。在这样的境况下，舞蹈毋庸置疑是我的一条路，而公益则成为我的第二条路。换句话说，如果舞蹈是我的一条腿，那么公益就是我的另外一条腿，只有两条腿一起行走，我才会走得稳健、走得更长远。

  赠人玫瑰，手留余香。我在受伤的时候，能量非常弱，但得到了至亲、师长、挚友等非常多的帮助。在他们的支持下，我慢慢感受到自己拥有了能力和能量，于是特别想把当时那种如获至宝、雪中送炭的感觉传递给其他需要的人。这也是我做公益的初心。我开始思考：我能做什么，我将如何做？

  2010年3月，在中国文学艺术基金会的支持下，刘岩文艺专项基金成立了，在受伤两年后，我开启了我的公益之路，所以这本教材就是我

13年公益实践的汇报、总结，以及一段旅程的新起点。在这期间，刘岩文艺专项基金先后连续发起九届"天使的微笑"儿童公益摄影展（第十届正在筹备中）、"为爱而舞——舞蹈康复关爱SMA罕见病儿童"等多项公益活动，并创作儿童轻舞剧《二十六分贝》和现代童话舞剧《天使的微笑》，以回归到舞蹈的方式让更多的人了解这些孩子，从而感染更多的人加入公益当中。此外，在这十几年间，我先后资助了164位贫困、孤残儿童学习舞蹈，希望通过艺术来影响他们，使其健康快乐地成长，让他们在艺术当中体会到很多美妙的时刻，感受艺术所带来的力量。艺术与青年公益这门课也是在刘岩文艺专项基金成立同年开设的，在北京舞蹈学院的课程设置已有十多年了。该课程通过理论教学使青年大学生对公益有初步的理解与认识，让学生在多方支持下开展的公益活动中得以实践，最后将这种实践经验转化为理论所得。借这样一个循环的过程让学生在大学阶段能够对艺术与公益的结合有新的认识，或者说对艺术或公益有新的启示。所以，现在这本教材将要与大家见面，我非常开心也倍感欣慰，希望通过这本教材能够使更多的青年朋友加入公益事业中来。

艺术与公益的道路上，我们还要结识更多的好朋友。在艺术与公益的路上，我们每个人都是受益者。

目录

001　第一章　艺术公益的概念

003　一、慈善与公益

009　二、艺术公益

017　第二章　艺术公益在中国

019　一、公益在中国的历史发展沿革

036　二、艺术公益在中国

077　第三章　艺术公益的价值

079　一、基础教育方面

085　二、特殊教育领域

091　三、国民教育层面

093　四、促进社会公平方面

094　五、艺术自身的发展

第四章　艺术公益人访谈

099　一、"美与人性的使者"——邰丽华与《千手观音》

105　二、"泥腿子舞蹈家"——关於与彩云计划

111　三、"天使的微笑"——公益伴行者白岩松

第五章　艺术公益策划

119　一、艺术公益策划的思考

120　二、艺术公益项目策划步骤

123　三、艺术公益项目计划书

132　四、艺术公益项目计划书的意义

第六章　艺术公益传播

138　一、媒介发展史与公益传播史

145　二、艺术公益在传播中的特点和优势

第七章　国际艺术公益

153　一、全球14个国家32位舞者隔空接力——以美和爱为纽带的全球互联

157　二、上海国际舞蹈中心设公益项目"舞空间"——包容、共生

159　三、舞蹈作品《虚幻之物》——公益舞蹈影像

161　四、委内瑞拉"音乐救助体系"——音乐抗争社会问题

165　第八章　艺术公益的青年力量

168　一、艺术公益的内涵与价值

169　二、青年在艺术公益中的角色与责任

171　三、艺术公益与青年发展的互动关系

172　四、结论

第一章 艺术公益的概念

一、慈善与公益

本书以"艺术与青年公益"为名，首先需要明确公益的概念。一方面，"公益"与"慈善"虽然是一对看似意思相近的概念，但在运用时却各有不同的侧重；另一方面，公益的同音词"公意"也是一个值得被讨论和对比的概念。

（一）慈善

对于理解"慈善"这一术语的概念，回溯其起源的词源考是必要的。唐代以前，中国古籍记述中并没有找到"慈"与"爱"两字连用的依据。直至唐代历史学家李延寿在《北史》中的一句"宽和慈善，不忤于物，进退沉浮，自得而已"，这是我国古典文献中将"慈"与"善"并置的首次明确记载，使之构成了一个整体概念。这种连用不仅描述了一种外在的行为表现，更深层次地体现了内在的道德修养和高尚品质。它表明一个人不仅在行动上表现出善意，而且内心深处也充满了对他人的关怀和尊重。

在深入探讨慈善作为一个整体性概念的起源时，我们清晰地认识到该词系由"慈"与"善"两个独立词汇的意蕴融合而成。进而，我们需对这两个构成元素各自所承载的特定含义进行深入剖析。

首先,"慈"在《说文解字》中的释义是,"慈,爱也"。即"慈"的内涵是"爱"。《春秋左传·正义》中云"慈者爱,出于心,恩被于物也",又曰"慈谓爱之深也"。仁慈者的爱发自于内心,其恩泽遍及万物。所以说,"慈"是深层次的爱。在深受儒家思想影响的中国传统文化中,"慈"也指代儒家伦理中一种深厚而无私的亲情之爱,后扩展为广泛的社会关怀与慈悲心。与此同时,这份情感是双向且多元的——它包含着长辈对晚辈的关爱,也包括了晚辈对长辈的敬爱,同时扩展至人与人之间的友爱。

而"善"字,其本义为"吉祥、美好"。《说文解字》中解释为"善,吉也",即善代表着一种正面、积极的价值观。后来,"善"逐渐引申为和善、亲善、友好的意思,强调人与人之间的和谐与互助。《管子·心术下》中提到"善气",即指人的善行和善心所散发出的正能量。

综上所述,在中国古文献记载中的"慈善"指的是爱心驱动下的善行,是仁德与善行的统一。具体来说,"慈"是来自内心的爱,而"善"是显于外的行。

了解了我国历史文献中记载的"慈善"概念,我们再将目光投向西方。英语中对行善、仁德等意义的表达可以对应到"charity"和"philanthropy"两个词。尽管在中文翻译中经常混用,但实际上这两个词的含义与用法还是有不少区别。从词根的角度来看,"charity"源自拉丁语"caritas",这个词在基督教语境中常被用来描述一种神圣的爱。在基督教传统中,慈善行为被视为对上帝之爱的一种回应和实践。"charity"深深植根于基督教的教义和文化之中,体现了一种超越个人利益的、对他人无私的爱与关怀。这种爱被视为"爱的最高形式",因为它不仅仅是情感上的共鸣或同情,更是一种行动上的付出和奉献,体现了人与人之间,乃至人与上帝之间的深刻联系,从而体现了一种超越个人利益的、对他人无私的爱与关怀。而"philanthropy"

一词是 17 世纪后才有记载出现的合成词，是 "philanthropic"（慈善的）与 "foundation"（基金会）的并用。它们共同构成 "慈善基金会" 的概念，即一种由捐赠者提供资金，并由其内部人员管理的民间非营利性组织，旨在通过其运营收入服务于社会公益。因此，在谈及企业或企业家的慈善活动时，使用 "philanthropy" 这一翻译显得更为合适和贴切。

在人类几千年发展的历史中，有国家慈善和民间慈善。其中，民间慈善领域又可以细化为多个维度，包括宗教慈善、宗族慈善、企业慈善以及个人慈善等。理解国家层面的慈善伦理和政策，是每一个有意参与公益活动的人所应具备的基本素养。它不仅有助于我们更好地履行社会责任，还能在实践中不断提升我们的道德水平和公益能力。中国自古倡导的 "仁政" 是以仁爱之心治理国家、关注民生疾苦，强调政府应承担起扶危济困的社会责任，至今仍被推崇。对于宗族慈善而言，宗族通过设立义田、义仓、义学等慈善机构，为族内贫困、孤寡、学子等提供实质性的帮助，有效缓解了社会矛盾，促进了社会的和谐稳定。与此同时，佛教慈善作为外来文化影响下的产物，也在中国古代社会中占有一席之地。佛教教义中的慈悲为怀、普度众生等思想，激发了信徒们的善行义举，推动了佛教慈善事业的发展。而在西方，基督教信仰体系自诞生以来，便深刻地塑造了西方乃至全球许多地区的道德观念与慈善实践，其教义中的慈悲、怜悯与博爱精神，成为推动社会公益、促进人际和谐的重要力量源泉。基督教强调 "爱人如己" 的核心理念，这一思想不仅要求信徒关爱自己的邻居和陌生人，更倡导一种普遍的、无差别的爱，即对所有生命都持有尊重和关怀的态度。这种伦理观念极大地推动了慈善事业的发展，使得帮助弱者、扶危济困成为一种被广泛接受和践行的道德行为。随着时代的变迁，社会结构和价值观念发生了诸多变化，无论是中国还是西方，现代慈善有别于传统慈善观念，是以企业慈善、个人慈善等民间慈善为主体的慈善。

慈善的实施者究竟应该如何理解？这在学术界有不同的观点，分歧主要是慈善以国家为主体，还是以民间为主体。从现在多数学者的观点来看，倾向于后者的为多。为了更好地回答这一问题，必须将它置于一定的历史和文化背景中加以研究。在古代中国，由于生产力不发达、民间经济力量有限，特别是受到儒家"仁政说"的影响，在遇到自然灾害时，国家在赈灾救济中起着主要作用；而民间在赡养老人方面，则是将慈善与孝顺结合起来。国家在社会资源配置中占据核心地位，我们难以简单地否定国家在慈善事业中对社会资源的广泛掌控与有效调配能力。因此，在中国古代传统慈善中，由于儒家思想的指导作用和国家对于社会资源的控制地位，难以完全否定国家在慈善事业方面的主体作用。而当中国社会进入近代以后，民间的慈善力量特别是企业的慈善力量迅速崛起，情况发生了变化，民间慈善伦理的作用不断彰显。在改革开放的新时代，以政府为主导、以民间为主体，才能更好地推动慈善事业的发展。

在理解慈善的概念时，不仅要把握慈善的内涵，还要重视慈善的实现方式。在慈善救助中，有积极的救助方式，也有非积极的救助方式。"授人以渔"是积极的救助方式，而"授人以鱼"则是非积极的救助方式。"授人以鱼"在一定条件下是需要的，因为那些处在困境中的救助对象，如果没有及时的、必要的物质支援，可能无法获得最基本的生存条件。但是在大多数情况下，要强调"授人以渔"这种积极的救助方式，通过教育和技能培训等各种途径使受助者脱贫。总之，随着时代的发展，"授人以鱼"这种非积极的救助方式不能否定，但"授人以渔"这种积极的救助方式将会在慈善事业中扮演更重要的角色。

(二)公益

《简明不列颠百科全书》里收的"公益"词条即是阿拉伯文的 istislah，这是由伊本·罕百勒（Ibn Hanbal，780—855）创建的伊斯兰教辅助法律原则，指无法在经训明文中找到答案时，按照维护公共利益和福利的原则判决。具体而言，这一"认为适当"的决策顺序体现了层次分明的考量：首要考虑的是何种选择能最大限度地惠及整个社会，确保广泛的公共利益得到优先保障；随后，关注的是地方社团或社区的福祉，确保地方层面的和谐与繁荣；最后，才是个体利益的细致考量，即在确保整体与局部利益得到兼顾后，再深入探究对个体最为有利的方案。这一过程体现了从大局至小我，层层递进的利益考量模式。

在中国，公益在清末明初主要用来指代国家利益。梁启超提出"政治之正鹄，在公益而已"[1]，认为国家发展的关键在于培养人民爱国合群之公德。

在最广泛的意义上，公益事业被定义为"为公共利益而自愿行动"。莱斯特·萨拉蒙提出了一个更具有操作性的定义，将公益定义为"为公共目的私人捐赠时间或贵重物品（金钱、安全、财产）"。乔恩·范·蒂尔（Jon Van Til）在公益概念中借鉴了价值观和运营方面的概念，即"自愿给予和接受时间和金钱，旨在（无论多么不完美）用于公益事业的需要和所有人的利益，更好的生活质量"[2]。

---

[1] 梁启超：《论政府与人民之权限》，载吴松等点校《饮冰室文集点校》（第二集），云南教育出版社2001年版，第846—847页。

[2] Jon Van Til, "Looking Backward: Twentieth-Century Themes in Charity, Voluntarism, and the Third Sector", *Journal of Nonprofit & Voluntary Sector Quarterly*, 2001, p.34.

（三）慈善和公益

在现实生活中，人们容易混用"慈善""公益""慈善公益""公益慈善"等概念。有些人认为"慈善"与"公益"是两个基本相同的概念，在一定条件下可以替换使用，而有些人认为是两个不同的概念，慈善从属于公益或者公益从属于慈善。"公益"与"慈善"两个概念，甚至被西方学者认为是孪生关系，在西方文明中纠缠了几千年。实际上，两者同属于人类精神文明的范畴，都是主张利他主义的，扶贫济困是慈善的首要内容，但在有益于特殊群体的同时也有益于社会，这也是公益的行为。两者在内容上大部分相互重合，但侧重点不一样。第一，慈善侧重于生存困难或处于险境中的弱势群体，而公益侧重于社会公众，对于对象没有特定的指向。从对象上说，公益包含了慈善，但各有特点。第二，慈善侧重于文化传统，与宗教有着不解之缘，有着深刻的文化底蕴，而公益随着科学技术的进步和社会的发展，其内涵也不断扩大，环境保护等也进入了现代公益的行列。第三，慈善侧重于个体行善，强调个体道德修养和自我完善，而公益侧重于企业的行善，强调经济实体的社会责任。民间和媒体在企业行善中，用"公益"的概念居多。

慈善与公益的区分不是绝对的，而是相对的。在一定条件下，要完全区分是较为困难的。但这种区分在将研究置于学术研究中却是有价值的，因为厘清概念是正确分析的前提。这种厘清包括两个问题：一是两者的内容与特点有何不同；二是两者的关系如何？是慈善从属于公益，还是公益从属于慈善？前述文段一定程度上可以解释二者特性的区分。

从实践的角度讲，慈善行为与公益行为都具有非营利性，在发生论上都有利他（至少是超越个人物质利益）的动机。朱健刚与武洹宇先生从历史与文化大视野，把公益与慈善的概念互通，并将其特征定义为"志愿性、平等性、公共性、理性和合作性"[1]。在他们的研究中，公民慈善或曰公民公益在中国的实践可以溯源至清末民初，并揭示其与新型国家观念公民认同行动的互相塑造的特点。

"公益与慈善是不可分的，特别是现代社会中公益和慈善是整体，慈善表达的是公益的含义。"[2] 公益与慈善在现代社会中紧密相连，不可分割。它们共同致力于改善社会福祉，促进公平正义。公益通过长远规划和广泛参与解决社会问题，慈善则迅速响应紧急需求，提供即时帮助。两者互补，形成合力，应对社会挑战。

二、艺术公益

（一）艺术公益的定义

所谓艺术公益，是指用文化艺术手段解决社会问题，它包含了跨界合作的意蕴，是艺术和公益二者交融后的有机产物。

公益性艺术和公共艺术都是国家公共文化服务的有机组成部分，二者相互补充又有所不同。公益性艺术事业是指国家为社会及大众提供的文化艺术方面的最基本服务，是对人民大众基本文化权益的尊重，也是一个政府应当承诺和履行的基本职责之一。如何为大众提供更多免费、低费和高质量的艺术产品及艺术服务，是公共文化服务的核心。而公益性艺术产品和服务强调的非营利性，是公民应依法享有的文化权益，政府视提供公益性文化服务为

---

[1] 朱健刚、武洹宇主编：《华人慈善：历史与文华》，中国社会科学出版社 2020 年版，第 9 页。
[2] 北京市慈善义工联合会：《公益思考 | 公益与慈善的区别，你了解吗？》（https://www.bjnews.com.cn/detail/169389746719675.html）。

其责任。[1]

公共性艺术强调其公共性，是在公共空间提供服务的产品，公共艺术不等于免费服务。在我国，公益性艺术事业属于文化事业的组成部分，而文化事业是由国家和社会兴办的，不以营利为目的的，面向社会、面向公众提供公共文化产品和服务的文化活动及其相关载体。[2]

（二）艺术公益的特点

艺术公益，集艺术的特点，行公益的目标。

艺术公益具有形象性、主体性、审美性。艺术的第一个特性是形象性。艺术形象是客观与主观的统一，是内容与形式的统一，是个性与共性的统一。所以，当艺术应用于公益事业中，便可使活动的目的、意义更加直观形象地呈现在公众面前。艺术的另一个特性是主体性。艺术要用形象来反映社会生活，这种反映不是单纯的模仿和再现，而是融入了创作主体乃至欣赏主体的情感思想，体现出十分鲜明的创作性和创新性，所以在艺术公益中，创作主体和欣赏主体是同等重要的。艺术的第三个基本特性是审美性，艺术成为传达和交流人们审美意识的一种方式。因此，以艺术行公益可以引发情感共鸣，从而更好地传播。[3]

艺术公益具有公共性、非营利性和服务性的特点。[4] 公共性在文化事业中，用于保障国民文化权益、展现国家文化形象、保护文化遗存、传承文化精神的文化产品和服务，以上都具有明显的公共性特点。非营利性是指公共

---

[1] 参见田川流主编《艺术管理学概论》，东南大学出版社2011年版，第36、39页。
[2] 参见高迎刚、丛晓煜《艺术管理学关键词辨析：公益性、非营利与公共性》，《民族艺术研究》2022年第4期。
[3] 参见彭吉象《艺术学概论（第4版）》，北京大学出版社2015年版。
[4] 参见高迎刚、丛晓煜《艺术管理学关键词辨析：公益性、非营利与公共性》，《民族艺术研究》2022年第4期。

艺术和服务以社会公共利益为首要目标，以实现社会权益最大化为最终目的，即不以营利为目的的特点。值得注意的是，非营利性是基本特征之一，但不意味着完全免费，而是要坚持把社会权益放在第一位。公益性艺术事业具有服务性的特征。如公共图书馆、博物馆、艺术馆、公共剧场等重大文化设施建设，也是公益性服务的具体体现。同时，政府也提供能够满足不同社会群体基本文化需求的公共文化产品和服务，包括对文学、美术、戏剧、电影、电视、音乐、舞蹈等多样化的文化产品的生产与提供，都是具有服务性特征的活动。

（三）艺术公益的分类

从字面意思看，艺术公益可以从艺术门类与公益领域入手进行分类。根据艺术的表现形式，可以分为舞蹈、音乐、戏剧、绘画、雕塑、摄影、影视等多种形式。每种形式都有其特点和优势，可以根据不同的公益主题和社会需求选择合适的形式来传递公益信息，呼吁人们关注社会问题并采取行动。根据艺术公益所涉及的领域，则可以分为教育、环保、扶贫、医疗、人权等多个领域。不同的领域关注的问题不同，因此需要采用不同的艺术形式和表现手法来传递公益信息，呼吁人们关注并参与解决相关问题。

但本书认为，艺术公益的分类不应该局限于艺术门类或公益领域割裂的认识，而应该抱以更包容、开放的心态。本节列举一些划分标准，并非穷尽各种方案，仅提供一种研究和进一步探索该领域的思路。

1. 按表现形式分类

（1）公益艺术教育

在艺术公益中，教育板块的表现形式可以有很多种，具体包括但不限于艺术教育课程、工作坊和讲座、艺术夏令营和冬令营、数字艺术教育。

艺术教育课程，为弱势群体或特定目标群体提供艺术教育课程，以提升他们的艺术技能和审美能力，同时也能为他们提供一个表达自我、释放情绪的途径；工作坊和讲座，依托学校、社区中心、公共图书馆等场所组织艺术家或艺术专家分享艺术技巧和知识，激发公众对艺术的兴趣和参与感；艺术夏令营和冬令营，组织艺术夏令营或冬令营活动，为弱势群体或特定目标群体提供集中式的艺术教育和文化体验，这些营地活动可以让他们在轻松愉快的氛围中学习艺术、结交朋友，提升他们的自信心和创造力；数字艺术教育，利用数字技术和新媒体开展艺术教育，如在线课程、数字艺术展览、虚拟现实艺术体验等，打破地域限制，让更多人获得高质量的艺术教育资源。

这些表现形式只是其中的一部分，实际上，教育板块在艺术公益中的表现形式丰富多样，可以根据不同的需求和目标进行灵活的策划和实施。重要的是保持持续性和创新性，确保教育板块在艺术公益中发挥最大的价值和影响力。

（2）艺术治疗

艺术治疗是一种将艺术与治疗相结合的方法。它可以通过各种艺术形式，如绘画、雕塑、手工制作等来帮助人们表达自己的情感和内心，同时也可以通过艺术创作来缓解压力、舒缓身心。在心理健康领域，艺术治疗被广泛应用于治疗焦虑、抑郁、创伤等。同时，在特殊教育领域中，艺术治疗也被广泛应用于帮助那些有认知和情感障碍的儿童和成人。

（3）公益演出

公益演出是一种将艺术与公益相结合的方式。它可以通过各种形式的演出，如音乐会、戏剧、舞蹈等，来筹款或宣传公益理念。例如，一些艺人或艺术团体会在演唱会或音乐会上进行义演，所得门票收入和以其他方式筹集的款项将用于支持公益事业。此外，一些剧院或影院也会定期举办公益演出，宣传社会问题或筹款支持特定的公益项目。

（4）公益艺术展览

艺术展览是一种将艺术与公益相结合的方式。它可以通过展示各种形式的艺术品，来吸引观众并宣传公益理念。例如，一些美术馆或博物馆会举办公益展览，宣传文化传承、环境保护、人权等。同时，一些艺术家也会将自己的作品捐赠给公益组织或机构进行展览和拍卖，所得收入将用于支持特定的公益项目。

（5）公共艺术

将艺术与社区建设相结合，通过公共艺术项目将艺术融入城市环境。这些项目包括壁画、街头装置艺术、社区雕塑等，能够提升公众的艺术审美和文化认同感。

艺术家驻留计划，邀请艺术家到相关机构或社区进行驻留创作，与当地居民互动交流，分享艺术经验。这种形式可以促进艺术家的创作灵感，同时也能为当地带来文化活力和创意氛围。

2. 按组织形式分类

根据艺术公益的组织形式，可以分为独立艺术公益、机构合作艺术公益和社区艺术公益等。独立艺术公益通常是由艺术家个人或小团队自发组织，机构合作艺术公益则是由艺术机构与公益组织合作开展，社区艺术公益则是以社区为基础，通过艺术形式来促进社区发展和社会进步。

3. 按参与程度分类

根据艺术公益的参与程度，可以分为艺术家主导型、公众参与型和线上线下互动型等。艺术家主导型是由艺术家个人或团队主导项目的策划和实施，公众参与型以公众参与为主要特征，线上线下互动型则通过网络平台和社交媒体等线上渠道与线下活动相结合的方式，吸引更多人参与公益事业。

4. 按受众分类

艺术公益项目通过为特殊教育需求人群、低收入人群和老年人提供艺术教育和参与艺术活动的机会，让他们享受艺术带来的乐趣和益处，从而提升他们的生活质量和文化素养。

（1）特殊教育需求人群

在这里用"特殊教育需求人群"来指代残疾人，是为了更大程度上尊重这一群体。如果说在医学描述中，一些人是"健全的"，而另一些则是"残疾的"，本书则更倾向于从"需求"的角度来看待他们。这类人群可能包括身体或智力上有障碍的个体，他们需要特别设计的艺术教育项目来满足他们的需求。艺术公益项目可以为这些人群提供定制化的艺术教育体验，通过音乐、舞蹈、绘画等艺术形式帮助他们表达自我、提升自信，并促进其社交和情感的发展。

（2）低收入人群

这类人群通常面临经济困难，无法负担昂贵的艺术课程或活动费用，但他们对于艺术是有需求和向往的。艺术公益项目可以为他们提供免费或低价的艺术教育和参与艺术活动的机会，让他们能够享受到艺术带来的乐趣和益处。通过艺术公益项目，低收入人群可以接触到多样化的艺术形式，提升他们的文化素养和审美能力，同时也为他们的社区增添文化活力。

（3）老年人

老年人是另一个重要的艺术公益受众群体。随着年龄的增长，老年人可能面临社交圈子缩小、身体机能下降等挑战，而艺术可以成为他们保持活力、提升生活质量的重要途径。艺术公益项目可以为老年人提供参与各种艺术活动的机会，如音乐会、舞蹈班、绘画工作坊等，让他们在艺术中找到乐趣和满足感。同时，艺术活动还可以促进老年人的社交互动和身心健康。提到针对老年人的艺术活动，广场舞是一种广泛普及的舞蹈形式，也体现了该年龄段人们的需求——社交、锻炼。所以在研究面向老年人应该提供怎样的帮助时，艺术的价值便凸显了出来。一方面艺术是老年人自主的选择，另一方面艺术确实可以以一种较为舒缓的方式锻炼身心。

5. 按意义分类

艺术公益的意义深远，它不仅在基础教育、特殊教育和国民教育方面发挥着重要作用，还对社会公平和艺术发展产生积极影响。

（1）服务于基础教育

艺术公益在基础教育中扮演着至关重要的角色。通过艺术教育，能够培养孩子们的创造力、批判性思维和解决问题的能力，这些都是传统教育容易忽视的方面。艺术公益项目为学校提供丰富的艺术教学资源，让贫困地区的孩子们也能接触到高质量的艺术教育，从而促进教育公平。

（2）服务于特殊教育

有特殊教育需求的儿童和成人需要有针对性的教学方法和工具。艺术公益项目可以为他们提供定制化的艺术教育内容，帮助他们更好地理解和表达自我。通过艺术，这些儿童和成人能够更好地融入社会，提升社交技巧和情感、智商，实现自我价值。

（3）服务于国民教育（思想价值观）

艺术是传达思想价值观的重要途径。通过艺术公益项目，可以弘扬社会正能量，传播社会主义核心价值观，引导公众形成正确的思想观念。艺术作品具有强大的感染力，能够触动人心，引起人们对社会问题的关注和思考。

（4）作用于社会公平

艺术公益通过关注弱势群体、推动文化多样性、倡导社会公正等方式促进社会公平。它能够唤起人们对弱势群体的同情和关注，激发人们对社会公正的追求。通过艺术的力量，可以打破偏见和刻板印象，促进社会的包容和平等。

（5）作用于艺术发展

艺术公益不仅为艺术家提供了一个展示才华的平台，还鼓励更多人参与到艺术创作中来。通过艺术公益项目，可以发掘和培养新兴艺术家，推动艺术的创新和发展。同时，艺术公益项目还能够扩大艺术的影响力和受众范围，让更多人了解和欣赏艺术。

综上所述，艺术公益在基础教育、特殊教育、国民教育、社会公平和艺术发展等方面发挥着不可或缺的作用。它不仅能够丰富人们的精神世界，提升文化素养，还能推动社会的进步和发展。我们应该更加重视和支持艺术公益事业，让艺术的种子在每个人心中生根发芽。

第二章 艺术公益在中国

一、公益在中国的历史发展沿革

（一）公益在中国的起源

在中国，公益事业的发展源远流长。从古代的慈善救济、义举义士的传统，到近代的公益组织、社会运动的兴起，都体现了中国公益事业的深厚历史底蕴。朱健刚与武洹宇先生的《华人慈善：历史与文化》从历史与文化大视野的角度，把公益与慈善的特征定义为"志愿性、平等性、公共性、理性和合作性"。在他们的研究中，公民慈善，或曰公民公益在中国的实践可以溯源至清末民初，并揭示了其与新型国家观念公民认同行动互相塑造的特点。[①]

在古代，中国有着悠久的慈善救济传统。宗族、乡绅、寺庙等组织在灾荒时期会发起各种形式的救济活动，帮助受灾的民众渡过难关。这些活动多由社会上层人士倡导和组织，以宗族和地方社会为单位进行。其中，最具代表性的莫过于"义庄"制度。义庄设立的目的在于提供对宗族内贫困族人的救济，同时也在社会救助体系中发挥着补充作用。除了宗族和乡绅的救济

[①] 参见朱健刚、武洹宇主编《华人慈善：历史与文化》，中国社会科学出版社2020年版，第9页。

外，佛教在中国的传播也带来了慈善救济的理念和实践。佛教强调慈悲和救苦救难的精神，在历史上留下了大量的关于慈善组织和救济活动的记载。[①]

进入近代以后，随着西方文化的影响和社会的变迁，中国公益事业逐渐向现代化转型。一些具有现代意义的公益组织开始出现，关注领域也从传统的救灾、救济扩展到教育、医疗、环保等各个方面。例如，1921年成立的华洋义赈会，是中国最早的救灾组织之一，旨在应对当时频繁发生的自然灾害。同时，一些知识分子和进步人士也开始倡导社会改革和公益事业的发展，以推动政府和社会对弱势群体的关注和支持。

值得一提的是，中国在公益事业方面的探索和实践从未停止过。改革开放以来，随着经济的快速发展和社会转型的加速，公益事业在中国得到了空前的发展。政府对公益事业的重视程度不断提高，出台了一系列扶持政策；民间公益组织也如雨后春笋般涌现，形成了多元化的公益力量。同时，随着信息技术的进步和社会参与意识的提高，互联网公益逐渐兴起，为社会各界参与公益事业提供了更加便捷的渠道和平台。

综上所述，中国公益事业的起源可以追溯到古代的慈善救济传统，经过近代的转型和发展，已经成为具有中国特色、多元化的公益体系。这一体系在应对社会问题、促进社会和谐、推动可持续发展等方面发挥着重要作用，同时也为全球公益事业的发展提供了宝贵的经验。

（二）中华文化是否足以支撑公益行为的内在精神？

答案毫无疑问是肯定的。儒、道、墨、佛等共同支撑了中国传统文化的

[①] 参见武雨欣、武占江《中国古代义庄的道德价值探析》，《齐鲁学刊》2021年第5期。

根基与精神内核。

1. 儒家文化——公益的思想核心

儒家文化诞生于春秋战国时代，是中国古代几千年历史发展中最有影响力的思想学派。其代表人物为孔子、孟子和荀子。

（1）孔子，爱亲到泛爱众

孔子（前551—前479）是中国伟大的教育家、哲学家和思想家，是儒家学派的创始人，对世界有广泛影响。《礼记·礼运》篇中描述的"大同"社会是中国人追求的理想社会。这个社会中的人们选贤与能，讲信修睦，关爱老弱病残，男女都有归宿，人们珍惜财物，努力工作，没有阴谋和盗窃。在大同社会中，关爱社会的弱势群体成为不可或缺的一部分。孔子的"仁爱"思想对古代中国的慈善伦理思想有着很大的影响。孔子的"仁"涵盖了多种含义，但最根本的是"爱人"，这为古代中国的慈善伦理思想建立了一个理论基础。孔子将"仁"规定为"爱人"，从人的价值中寻找仁的源泉，凸显了人的价值在道德中的地位，由此建立了以"仁爱"为核心的中国公益思想体系。[①]

（2）孟子，性善论

孟子（前372—前289）是伟大的思想家和教育家，儒家学派的代表人物，被封建统治者推崇为"亚圣"，与孔子并称为"孔孟"。他的思想与孔子思想合称为"孔孟之道"，是中国古代封建统治思想的正统。孟子在公益思想方面，继承和发展了孔子以"仁爱"为基石的公益思想，形成了以性善论

[①] 参见朱汉民《仁：中国公益慈善事业的价值之源》，第八届世界儒学大会学术论文集，湖南，2017年9月，第159—164页。

为核心的思想体系。他认为善心是善行的"发动机",是公益活动伦理评价的重要方面。

孟子性善论的基本思想,包括"恻隐之心、羞恶之心、恭敬之心、是非之心,仁义礼智,非由外铄我也,我固有之也",以及"恻隐之心,仁之端也;羞恶之心,义之端也;辞让之心,礼之端也;是非之心,智之端也。人之有是四端也,犹其有四体也"。这些思想提出了人性本善的观点,认为伦理道德来自人的内心世界,而非外部强加。孟子性善论中的关键有三点:一是仁义礼智源于人心,即伦理道德来自人的内心世界;二是"四心"是善的开端,成为人的德性还需要"扩充";三是性善论中有人性平等的思想颗粒。[1]

孟子提出了实践公益的路径,即"老吾老以及人之老,幼吾幼以及人之幼",主张从自己的家人做起,然后推及他人。这一过程是从善心转变为善行的过程,也是从近到远的实践过程。

孟子在公益思想方面的贡献和影响,包括他的人性本善论和从近到远的实践路径,为后来的公益事业发展提供了重要的理论基础和实践指导。

(3)荀子,"泛利兼爱德施均"

荀子是战国时期赵国(今山西省安泽县)人,他批判和总结了先秦各家各派的学说,建立了朴素唯物主义和朴素辩证法相统一的思想体系。他主张"性恶说",认为人"生而有好利",导致争夺、残杀和淫乱等恶行。但他也认为通过后天的环境和个人的修养可以改变人性,即"化性起伪"。荀子和孟子同为儒家文化的思想家,在人性善恶问题上的观点截然对立,但都认为

---

[1] 参见末永高康《性善论的诞生》,佐藤将之监译,《科学·经济·社会》2022年第6期。

通过道德修养人能行善积德。①

荀子明确提出了以"泛利兼爱德施均"为核心的公益思想，认为在一个理想的社会中，应该普遍造福众人，恩德布施都均匀。具体来说，这一慈善伦理思想可包括以下两方面：首先，公益具有高尚的道德价值。公益行为可以提升个人的道德威信，使人们更加信任和尊重他。同时，这些行为也是尊重老人、帮助处境困难的人、施惠不求回报的表现，这些德行都属于公益理论的范畴。做了这些慈善的事，就有了道德威信，壮年人、通达情理的人、贤能的人和无能的人都会归附于他。即使有大的过失，老天恐怕也不会毁灭他。其次，公益是治国理政的应有之义。荀子主张通过礼义来治理国家，而礼义中包含了"收孤寡，补贫穷"，"幼者慈焉，贱者惠焉"等公益内容。他认为，只有通过行礼义，才能实现"庶人安政""君子安位"，而公益行为是实现这一目标的重要手法。因此，在治国理政中，应该注重公益事业的发展，以实现社会的和谐与稳定。

2. 道家——公益的哲学基础

道家文化是中国古代传统文化的重要组成部分。在先秦时期，老子创立了这一学派，成为诸子百家中的显学之一。后来，在东汉时期，道教正式诞生。道教将老子尊为教主，并将他的《道德经》奉为经典，称为《道德真经》。道教还对老子的这部经典赋予了各种宗教性质的解释，作为宣传道教的依据。此外，道教还将先秦道家另一代表人物庄周的著述《庄子》也奉为经典，称之为《南华真经》。虽然先秦时期以老庄为代表的道家与后来诞生

---

① 参见钮则圳《教化与政治：荀子对孟子性善论的批评及其影响》，《现代儒学》2022 年第 1 期。

的道教在思想上存在一定的联系，但两者之间还是存在明显的区别。在慈善伦理思想方面，老子的思想更具哲学色彩，强调"无为而治"，认为最好的治理方式是让人们自由发展，而不是过度干预。而道教则更贴近现实生活，强调行善积德、救济穷苦、关爱生命等具体的慈善行为。道教认为行善积德可以积累功德，增加个人的道德威信，有助于个人和社会的和谐发展。同时，道教也主张尊重生命、关爱弱势群体，认为每个人都有生存的权利和尊严，应该得到平等的关爱和尊重，这些思想都体现了道教对于慈善伦理的深刻理解和实践。

（1）老子，"损有余而补不足"

老子是春秋末期楚国人，道家学派的创始人。他曾担任周王朝的守藏史，后辞官隐退。他的代表作《道德经》虽然篇幅简短，却蕴含着深刻的智慧和哲理。老子以"道"为核心概念，构建了完整的思想体系。他认为"道生一，一生二，二生三，三生万物"，道是万物的起源和归宿。人应该效法自然，遵循自然的规律，崇德向善。老子强调行善的重要性，认为做善事就是顺应天道。他主张以德报怨，善待他人，即使对方不善良，也要以善意对待，从而使他走向善良。庄子继承和发展了老子的慈善伦理思想，认为天道和人道是相通的，人要得天道就要做善事。他认为做好事的人会得到好报，做坏事的人会受到惩罚。因此，人应该按照天道行事，向善而不为恶。这些思想为后来的道教慈善伦理观奠定了基础。

以老子为代表的道家学派从"自然天道观"出发，推导出"人道观"，为慈善伦理提供了形而上的基础。其中，"损有余而补不足"是道家慈善伦理的核心价值。老子认为，"天之道"是减少有余，用来补给不足，而"人之道"则是减少不足，用来供给有余，这是不公平的。他批判了这种"人之道"，并主张有道者应该把有余的财富奉献给天下，以改变这种不公平的现象。从公益角度来看,"有道者"可以被理解为行善者。①

老子的"损有余而补不足"是公益思想的基础和特点,表现在两个方面:首先,老子在对现实社会的批判中提出了"损有余而补不足"的价值旨归,从而构建了慈善伦理的形而上基础。他通过批判性的思维来构建慈善伦理的出发点和基础,对生活中不合理的现象进行了愤怒的揭露和批判。他认为应该奉行天道"损有余而补不足",对贫富不均的现象进行调节,推进社会公平正义的实现。其次,老子运用辩证思维的方法揭示了慈善伦理实现的途径。他的思想中包含着许多朴素辩证法的观点,例如"反者道之动""祸福倚伏"等,揭示了矛盾的对立面在一定条件下会向相反方向转化。在"损有余而补不足"的"天道观"中,他用"损"和"补"、"余"和"不足"两对矛盾范畴来分析社会的不公平,并指出了解决这一社会不公平的途径,即通过慈善行为来实现社会的公平正义。②

(2)葛洪,"善不在大,恶不在小"

魏晋南北朝时期,道教进入大发展阶段,葛洪作为这一时期的杰出代表,不仅在道教理论上有所建树,还在科学技术方面取得了显著成就。他的著作《抱朴子》在道家思想发展史上占据重要地位,其中"内篇"中的"对俗卷"与"微旨卷"是研究其慈善伦理思想的主要资料。

葛洪的慈善伦理思想主要体现在他对于行善积德与长生成仙的看法上。他坚信行善是长生成仙的必要条件和路径,而长生成仙则是行善的动力和目标。为了实现长生成仙,他强调德行和方术的结合,认为只有积善成德的人才能获得长生。

---

① 参见申舵林《中国古代民间慈善的伦理根基——儒家仁道思想》,《商》2014 年第 46 期。
② 参见齐冬莲《〈道德经〉慈善思想探微》,《湖南商学院学报》2014 年第 6 期。

德行的内容广泛，包括仁慈之心、助人为乐、将心比心、加强自我修养等方面。葛洪认为，积德的原则是"善不在大，恶不在小"，即勿以善小而不为，勿以恶小而为之。同时，积德需要"积阴德"，即行善而不求人知，这是高尚的道德境界。积善还需要坚持不懈的意志，需要永攀高峰、不畏艰险的精神。①

总的来说，葛洪的慈善伦理思想强调行善积德的重要性，认为这是实现长生成仙的必要条件。他的思想具有深刻的人道关怀和积极的社会意义，对于现代社会仍然具有重要的启示作用。

3. 墨家——伦理思想的基石

墨家是先秦时期重要的思想流派之一，与儒家齐名，都是当时的显学。创始人墨子"学儒者之业，受孔子之术"，但后来他又成为儒家最大的反对派。儒家和墨家对待西周文化的态度截然不同，以孔子为代表的儒家是西周文化的辩护者，而以墨子为代表的墨家是西周文化的批判者。②正如《淮南子·要略》中指出的，墨子是"背周道而用夏政"。墨子提出了以"兼爱"说为基石的慈善伦理思想，后期墨家进一步发挥了他的这一思想。

（1）墨子，"兼爱"

墨子是战国初期鲁国人，出身工匠，他的弟子也大多为底层劳动者。他被誉为历史上第一位为劳动者阶级呐喊的思想家，其思想代表了社会中下层

---

① 参见张志建、任雯《葛洪的"劝善"思想及其现代意涵》，《江苏师范大学学报（哲学社会科学版）》2019年第6期。

② 公益慈善论坛：《中国慈善伦理的三大文化血脉》（https://mp.weixin.qq.com/s?__biz=MzI3MDE0OTk2NA==&mid=2649673670&idx=5&sn=879b0b0ce120ab76718cc4d490310460&chksm=f2cf1fe5c5b896f361cc9f80c4f49ccf69cc6f6aab3545ae66c565733d5ad2a71ffef58e41e3&scene=27）。

劳动者的利益。墨子的公益思想基石是"兼爱"说，这一中心词在慈善伦理思想中至关重要。与儒家主张的"仁爱"不同，墨子的"兼爱"主张"爱无差等"、视人若己、不分亲疏地爱人。墨子认为"兼爱"可以铲除社会矛盾的根源，使社会和谐稳定。他认为如果人人都相爱，就不会有征战、篡位和相互伤害的行为。君臣、父子、兄弟之间如果相爱，就会表现出惠忠、慈孝和和调。如果天下人都能相爱，强者就不会欺凌弱者，富者不会侮辱贫者，诈者不会欺骗愚者。他认为天下的一切祸篡怨恨都是因为不相爱而产生的，而仁者会因此得到赞誉。因此，"兼爱"说是墨子慈善伦理思想的核心，把握了这一思想，也就把握了他的公益思想的精髓和主要内容。

墨子认为"兼"与"别"是相对立的，而"别"是天下一切祸害的根源。他主张以"兼相爱，交相利"取代"别相恶，交相贼"，认为为了天下之大利，必须"兼以易别"。墨子的"兼爱"说以"爱无差等"为规定，被孟子批判为"无父"，"是禽兽也"。在墨子与儒家的对立背后，实质是对西周文化持辩护还是批判态度的问题。墨子的"爱无差等"主张后者，成为后人对他"背周道而用夏政"评价的最有说服力的根据。

墨子认为爱人者人亦爱之，利人者人亦利之，恶人者人亦恶之，害人者人亦害之。此理论论证了"兼爱"说在生活中是可以成立的。爱人、利人与个人利益的实现取得了一致。墨子认为人都有利己心，希望个人利益得到满足，但这种满足是通过对等、互报互利的原则实现的。墨子"兼相爱，交相利"的逻辑紧密结合在一起，通过"交相利"，实现"兼相爱"。[1]

公益作为一种道德活动，必然涉及道德标准的运用，对他人或自我行为

---

[1] 参见张佳梅《墨子"兼爱"思想的理论内涵及其意义分析》，《今古文创》2024年第27期。

进行善恶、荣辱等道德价值的判断和评论。关于判断和评论的依据，孔子更强调动机，认为只要有纯正的动机，就不会产生恶。而墨子则提出了"志功合一"的慈善道德评价原则，将动机与效果结合起来，全面评价慈善行为。墨子认为，一个人喜欢分人财，是否道德高尚、适宜做太子是未知的，也许他是为赏赐和名誉而做，因此需要结合动机和效果来评价。

墨子的"兼爱"说推动了当代中国社会从"小爱"走向"大爱"。这一主张不分亲疏地爱一切人的理念体现了人与人之间的平等，具有理想性。在传统社会观念仍根深蒂固的当下，墨子的慈善伦理思想对于推动社会成员跨越血缘、族缘、地缘的藩篱，爱社会中的"陌生人"，将小爱升华到大爱起到了积极作用。

此外，墨子的"兼相爱，交相利"思想对于当代中国社会正确认识慈善的功利性与非功利性问题也有启示意义。慈善应该是无私奉献的高尚行为，但随着市场经济的发展，慈善动机呈现出多样化状况。对于建立在"义利统一"基础上的企业慈善公益之举在道德上应予以肯定，而对于假借"慈善"之名、见利忘义之举则应坚决反对。墨子的"兼相爱，交相利"揭示了兼爱与互利之间的统一，将"利"以"天下之利"为内容，有助于当代社会正确认识慈善的功利性与非功利性问题。[1]

（2）后期墨家，"周爱人"

墨子死后，墨家学派发生了分化，形成三派，史上被称为后期墨家。后期墨家活动于战国中后期，继承和发展了墨子的慈善伦理思想，主要体现在"兼爱"说和"志功合一"论中。

---

[1] 参见王晓盛《论墨子思想中"兼相爱"与"交相利"的关系》，《文化创新比较研究》2022年第32期。

他们发展了墨子的"兼爱"说，提出了"周爱人"的观点。他们认为爱人就是要爱世界上所有的人，不分时空。后期墨家将"爱人"的对象和范围扩展到所有时空中的人，强调对所有人的爱都要平等。他们反驳了对于"尽爱"的诘难，认为即使无法统计人数，仍然可以通过"尽问人"的方式实现"兼爱"。

在爱人与爱己的关系上，后期墨家发展了墨子视人若己的观点，提出"仁，体爱也"，即"人"与"己"为一体。他们反对追求个人私利的爱，认为爱人中包含着爱己。后期墨家认为做仁义的事不分大小，德行的厚薄是相同的，都是行善的好事。但是，他们也强调"爱无厚薄，举己非贤也"，即对别人的爱不应该分厚薄，如果爱人是为了自己，那就不是真正的贤人。

后期墨家进一步主张行侠义精神的人可以忍受痛苦，甚至牺牲自我，以利他精神体现爱人、助人的慈善活动中追求的道德境界。他们强调为了爱人、助人，可以忍受痛苦并牺牲自我。

4. 佛教——慈善伦理的核心

《大智度论》卷二十七载"慈悲是佛道之根本"。

佛教是诞生于古印度、西汉末年由西域传入中国的宗教。在魏晋南北朝和隋唐时期，佛教在中国非常兴盛，对中国古代慈善事业的发展产生了重要影响。佛教文化是中国古代传统文化三大血脉之一，慈善伦理是其重要的组成部分。

佛教以慈悲为怀，慈悲观是佛教慈善伦理的核心。慈悲在佛教文化中占据首要地位，所有佛法都以慈悲为本。在佛教徒的生活中，"修福田"是慈善伦理实践的代名词。福田分为"敬田"和"悲田"，前者以佛法僧为对象，后者以贫病、孤老者为对象。①

佛教认为，福田是以发自内心的慈悲去行布施，福德自然会伴随而来。反之，只为福德果报而布施，那就等于是市场交易行为，与佛教教义是背道而驰的。真正的佛教布施并非源于身外之物，而是源于悲悯之心。布施的动机应该是出于对众生的怜悯，希望他们得到安乐，而不是为了回报，即求名或求利。此外，佛教还提倡"修三福"和"持五戒"的更高要求。修三福包括孝养父母、奉事师长、慈心不杀、修十善业等行为，而持五戒则是不杀生、不偷盗、不邪淫、不妄语、不饮酒等五种行为规范。这些戒律为教徒提供了明确的行为准则，有助于他们更好地修行并培养慈悲心。总的来说，佛教强调通过布施和持戒来培养慈悲心和助我心，以帮助他人摆脱痛苦和困难。

东晋高僧慧远将佛教的慈善伦理思想与中国的传统伦理相结合，系统地阐述了佛教的因果报应说。他指出，善恶报应有三种形式：现报、生报和后报。现世行善，则现世受报；来生行善，则来生受报；或经过多生后，始受报应。这种"三报说"明确指出善有善报、恶有恶报，并且可以超越时空。它以朴素的道理、通俗的语言感召人们去行善，并规范人们的行为。同时，他还阐述了缘起说的观点，认为宇宙间的一切现象都是待缘而生、缘散而灭，由因缘而决定。人生的十二因缘则描述了从无明到老死、彼此成为条件或因果联系的12个环节。佛教的缘起说最初是为了说明人生的苦乐都是有因缘的，并引出善恶的报应。慧远强调业力的重要性，认为业力是一种神秘的存在，能超越时空产生报应。一旦条件成熟，报应是无法逃避的。这些思

---

① 参见陶新宏《佛教福田思想与社会慈善事业》，《青海社会科学》2013年第1期。

想在几千年的社会生活中产生了广泛的影响力，上至统治阶层，下至普通百姓，接受者和认同者众多。它以朴素的道理、通俗的语言感召人们去行善以获得善报，同时通过人们对来世受苦受难的恐惧，更具有威慑力地规范人们的行为。

5. 儒、道、墨、佛对中国艺术公益的支撑与滋养

儒、道、墨、佛这四种思想学派在中国传统文化中占据着重要的地位，它们不仅塑造了中国文化的精神内核，也为中国的艺术公益提供了强有力的支撑。

首先，儒家思想强调人的道德和社会责任，倡导仁爱与和谐。在艺术公益领域，儒家的仁爱思想可以激发人们通过艺术创作和活动表达对社会的关爱，以艺术的方式推动社会公益事业的发展。同时，儒家的美学理念也影响了艺术创作，使艺术作品更富有社会责任感和人文关怀。通过艺术作品，儒家思想传递出对社会问题的关注和思考，引发公众的共鸣和参与，共同推动社会进步。

其次，道家思想强调自然与道的法则，追求内心的平静与自由。在艺术公益领域，道家思想可以启发人们关注自然环境和生态保护，推动绿色公益事业的发展。同时，道家思想的"无为而治"也为公益组织提供了一种更为平和、内敛的管理方式，使组织更加高效、和谐。通过艺术创作和活动，道家思想传递出对自然的敬畏和尊重，引导人们关注生态平衡和可持续发展，为公益事业注入更多绿色力量。

再次，墨家思想主张兼爱、非攻和节俭，强调社会公平与正义。在艺术公益领域，墨家思想可以激发人们的同情心和关爱精神，推动社会公益事业的发展。同时，墨家所倡导的实用主义也可以为公益事业的实施提供有益的指导。通过艺术作品和活动，墨家思想传递出对社会公平和正义的追求，激发人们的参与热情和社会责任感，共同推动社会公益事业的发展。

最后，佛教思想强调慈悲与因果报应，关注心灵的净化与解脱。在艺术公益领域，佛教思想可以引导人们关注弱势群体和需要帮助的人们，推动社会救助事业的发展。同时，佛教的慈悲观念也可以为公益事业提供精神支撑。通过艺术作品和活动，佛教思想传递出对生命的尊重和对未来的关注，引导人们关注弱势群体的福祉和救助工作。

综上所述，儒、道、墨、佛这四种思想学派在中国的艺术公益领域中发挥着重要作用。它们的思想内核和精神理念通过艺术的表达方式传递出对社会问题的关注和思考，激发人们的仁爱之心和社会责任感，推动社会公益事业的发展。同时，以艺术行公益是儒、道、墨、佛这四种思想学派在现代社会中的一种重要实践方式，也是传承中华文化精神的重要途径。

（三）当代中国慈善公益事业法律与机制

1. 现行法律对慈善公益事业的影响

随着法律的制定和变更，慈善与公益得到了推进和改变。1999年全国人民代表大会常务委员会通过了《中华人民共和国公益事业捐赠法》。该法第三条规定了"公益事业是指非营利的下列事项：（一）救助灾害、救济贫困、扶助残疾人等困难的社会群体和个人的活动；（二）教育、科学、文化、卫生、体育事业；（三）环境保护、社会公共设施建设；（四）促进社会发展和进步的其他社会公共和福利事业"。在该法中，"救助灾害、救济贫困、扶助残疾人等困难的社会群体和个人的活动"这些慈善活动被归入到公益事业中，它表明慈善是公益的一部分。换句话说，公益的范围在20世纪初是包含慈善的。然而，2016年全国人民代表大会通过了《中华人民共和国慈善法》。该法对慈善的内容做了概括，一共6条。前3条是"扶贫、济困；扶老、救孤、恤病、助残、优抚；救助自然灾害、事故灾难和公共卫生事件等突发事件造成的损害"，而后3条是"促进教育、科学、文化、卫生、体育等事业的发展；防治污染和其他公害，保护和改善生态环境；符合本法规定的其他公益活动"。后3条中列举的公益活动被明确放入了慈善的内容中。可见，这里的慈善是包含公益内容的，慈善的概念随新法律的颁布变得大于公益了。

2013年，国家有关方面推出了慈善公益组织直接登记注册的改革政策，释放出体制对慈善公益组织全面接纳的信号。一大批企业和企业家通过慈善公益组织纷纷进入了慈善公益领域，他们的慈善公益行为在社会上产生了越来越广泛的影响。有些人认为，企业是经济实体，是追求盈利的，其社会责任不包括慈善公益，慈善公益是政府部门的责任，但当代中国的情况已经发生了重大变化——公益需要群众的力量。

《中华人民共和国慈善法》（以下简称《慈善法》）在2016年的颁布出台，具有划时代的意义，它是我国历史上第一部慈善法，这种制度安排对社会领域改革和社会治理创新都是非常重要的。无论是法律文本的条文和结构安排，还是立法过程，慈善法都是开门立法的范本。《慈善法》的制度安排是深化改革整体布局中一个重要环节，是具有标杆性、突破口性质的，对于推进行业协会商会类、科技类、城乡社区服务类等其他社会组织的改革创新，具有非常重要的借鉴作用。在《慈善法》制度形成的过程中，出现了一些重要理念，概括起来有七个方面：第一，大慈善的理念；第二，多元主体；第三，组织为主；第四，深化政府改革；第五，社会向善；第六，规则向严；第七，政府向外。总之，《慈善法》是一个完整的制度体系。

2. 公益组织与系统

（1）基金会

慈善基金会是指利用自然人、法人或者其他组织捐赠的财产，以从事公益事业为目的，按照本条例的规定成立的非营利性法人。基金会分为面向公众募捐的基金会和不得面向公众募捐的基金会。公募基金会按照募捐的地域范围，分为全国性公募基金会和地方性公募基金会。根据《基金会管理条例》规定，基金会必须在民政部门登记方能合法运作，就其性质而言是一种民间非营利性组织。

（2）艺术基金会

艺术基金会是促进一个国家或地区文化艺术发展的重要机制。在中国，经过多年的呼吁和酝酿，国家艺术基金得以成立并运作，此举促进了全国艺术基金会的发展，也引发了学界对艺术基金会的关注和研讨。本书在系统分析中国艺术基金会演变情形的基础上，对政府主导类、官助民办类、民营性艺术基金会的运作机制分别进行了深入探究，政府主导类和官助民办类的艺术基金会在我国艺术基金会体系中占据重要位置，有助于促进政府职能的转变和科学艺术资助体系的形成，而民营性艺术基金会也是构成我国艺术基金会体系的重要组成部分，是有待进一步挖掘和开发的环节。笔者认为，文化艺术的发展和繁荣离不开艺术基金会机制的健全与完善，艺术基金会是一种具有持久性、专业性、开放性的艺术资助模式。而艺术基金会健康持续的发展不仅有赖于其内部良性的运作机制，也依赖于外部与各利益相关者之间的互动关系。只有把政府、企业、社会等各种积极力量调动起来，才能促进艺术基金会的多元化和体系化，从而促使基金会实现其社会影响力、促进文化艺术的繁荣发展。[1]

（四）为什么要将"公益"纳入大学教材？

"公益"早在清朝光绪年间便以法令的形式纳入大学堂教材。社会学在一个多世纪前的中国被视作群学，亦作"公益学"。新政时期颁布的《大清光绪新法令》即将"公益学（主要用指国家利益）"列为大学堂的修读科目，并附有专门解释："日本名为社会学，近人译作群学，专讲公共利益之礼法，戒人不可自私自利。"群学的具体实践是"合群立会"，即以广泛结社集会的方式培养国民的公共精神。

移植到今日也同样成立，大学生的文化血脉与价值观传承是国家的命脉。培育公益精神可以使大学生养成感恩、互助、友爱、奉献的高尚道德情操，提升大学生思想道德境界，具有积极的社会价值和德育价值。知行合一强调道德认知与道德实践的结合，是大学生公益精神培育的第一要义。我们要通过强化大学生公益认知和公益实践，达到知行合一的道德自觉。

大学生们不要坐谈"公益"，而应该坚持知行合一，教材将是大学生践行公益的有力抓手。习近平总书记在2014年五四青年节与北京大学师生座谈时指出，"道不可坐论，德不能空谈。于实处用力，从知行合一上下功夫"，鼓励大学生们不要坐谈道德，而应该坚持知行合一，把功夫用在实践和日常执行中。中国自古以来就有知行合一、身体力行的道德哲学和处世之学。《左传》中最早提出"知""行"的辩证关系，《左传·昭公十年》中有言："非知之实难，将在行之。"意思是懂得道理算不上难事，难在实行。王阳明是中国

---

[1] 万笑雪：《中国艺术基金会的运作机制研究》，硕士学位论文，南京艺术学院，2017年。

古代"知行合一"思想的集大成者。他认为,"知"是指人们对于道德的认知,而"行"是指人们对于道德的实践,"盖阳明之所谓知,专以德性之智言之,与寻常所谓知识不同;而其所谓行,则就动机言之,如大学之所谓意。然则即知即行,良非虚言也"。那么,就此而言,王阳明所讲的"知行合一"的意思是要人们在道德认知的基础上,与道德实践紧密结合,不仅要认识到道德的真谛,而且要忠实地履行、践行道德的要求。①

二、艺术公益在中国

中国政府对艺术公益事业的支持力度逐渐加大,出台了一系列政策措施,鼓励和支持艺术公益事业的发展;随着社会经济的发展和人民生活水平的提高,越来越多的企业和个人也开始关注和支持艺术公益事业,积极参与各类艺术公益活动;艺术公益事业与其他领域的跨界合作日益增多,例如与教育、旅游、传媒等领域合作,共同推动艺术公益事业的发展;随着艺术教育的重要性逐渐被认识,越来越多的机构和个人开始致力于艺术教育普及工作,推动艺术教育的普及和发展;随着数字化技术的不断发展,越来越多的艺术公益机构开始利用数字化方式开展公益活动,提高了公益活动的效率和影响力;随着中国与世界的交流日益增多,越来越多的中国艺术公益机构开始走向国际舞台,参与国际交流与合作,推动中国艺术公益事业的国际化发展。

总的来说,艺术公益在中国的发展现状呈现出多元化、专业化、社会

---

① 参见朱健刚《慈善教育要与大学的教育创新紧密结合》(https://new.qq.com/rain/a/20200903A0K4SP00)。

化、普及化、数字化和国际化的趋势，这些规律将有助于推动中国艺术公益事业的进一步发展。

作为北京舞蹈学院的校本教材，这本书在介绍国内优秀舞蹈公益项目的同时，还涵盖了其他类别的艺术形式，体现了全面性和综合性。通过比较不同艺术形式在公益领域的应用和影响，学生可以更深入地理解艺术的共性和特性，以及不同艺术形式在公益事业中的独特价值和作用。它不仅有助于培养学生的艺术素养和创新思维，还能提升他们对艺术公益事业的认识和参与度。这种跨界的思路和综合性的视角对于推动艺术与公益的结合，以及培养具有社会责任感和创新精神的舞蹈人才都具有积极影响。

（一）中国文学艺术基金会刘岩文艺专项基金与"天使的微笑"——舞蹈名人发起公益活动的社会功能

舞蹈名人公益活动这个概念在学术性的论文中几乎没有出现过，但在媒体报道、新闻评论中却经常出现。结合公益活动的定义，学者余燕雨将舞蹈名人公益活动理解为"一切在舞蹈名人群体中发生的公益活动、行为、动机、观念、事业"。名人带领舞蹈公益的积极作用可以被总结为四点——赞誉与激励作用，教育与启迪作用，提倡与引导作用，呼唤与忠告作用。舞蹈名人参加公益活动，会对社会公众产生巨大的影响力与号召力，可带动更多的人参与到公益活动之中，从而使公益活动发挥更大的能量，对公益活动的发展具有极大的推动作用。在公益活动中对舞蹈名人价值的挖掘、扩展和利用已成为广泛的社会现象。其中，"中国文学艺术基金会刘岩文艺专项基金"（以下简称"刘岩专项基金"）以著名舞蹈家刘岩的名字命名，于2010年3月设立，是一项成熟且具有影响力的个人能量的公益组织。

图 2-1　刘岩与患儿　　　　　图 2-2　撒贝宁与患儿

图 2-3　"天使的微笑"摄影展参展作品

基金创办人刘岩作为青年舞蹈家，以公众人物的身份投身公益，发声呼吁社会更多关注孤残儿童、关注特殊教育，引发社会各界广泛关注。作为北京舞蹈学院的教授、教师，她长期专注于青年公益，引导当代大学生以艺术的视角面向公益、感恩社会。刘岩专项基金积极致力于孤残儿童的美育教育，关注他们的心灵成长，用艺术的形式向全社会发声，展现孤残儿童的阳光天性和艺术天赋，为他们提供学习舞蹈及其他艺术的机会，给他们带来信心与力量。

党的十八大以来，中央高度重视培育和践行社会主义核心价值观。习近平总书记多次作出重要论述、提出明确要求。随着党的十九大胜利召开，中央政治局围绕培育和弘扬社会主义核心价值观、弘扬中华传统美德进行集体学习。核心价值观是精神支柱，是行动向导，对丰富人们的精神世界、建设民族精神家园，具有基础性、决定性作用。以此为指导方向，刘岩以十年磨一剑的精神持续开展公益活动，为特殊儿童提供艺术教育，守护着梦想、传递着爱和温暖。

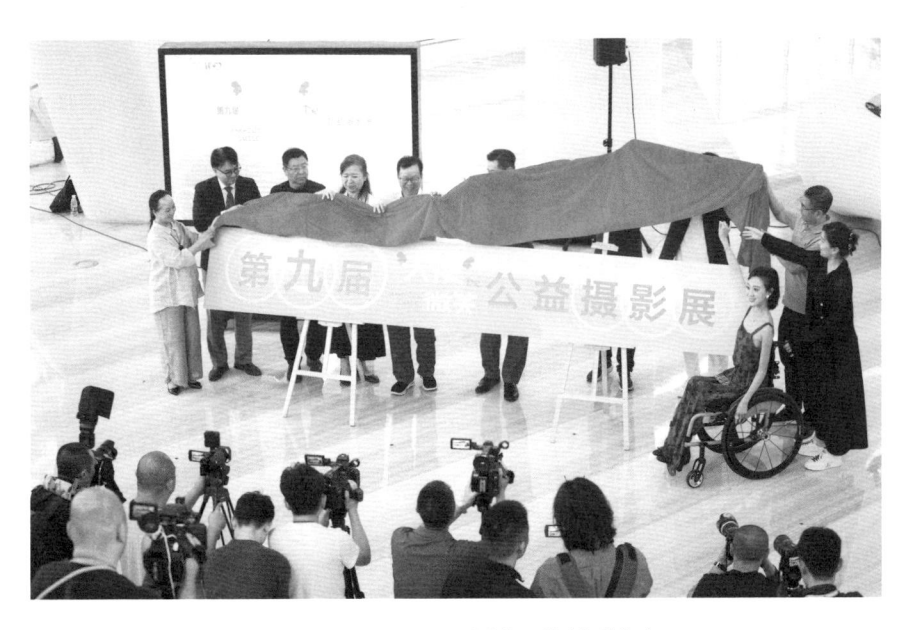

图 2-4 第九届"天使的微笑"开幕式揭牌仪式

特别是专项基金品牌项目"天使的微笑"公益摄影展,据项目负责人尚思乔介绍:自 2011 年以来,该项目在世界购物中心、中华世纪坛、莱锦文化创意产业园、西城区文化中心等地成功举办了九届,展出过数百张照片,温暖并感动了无数人,许多特殊儿童因此而受到关注,从中受益。展览邀请国内知名摄影师参与记录,拍摄相关作品,遴选优秀的社会投稿作品及儿童绘画作品免费面向社会进行展出,并集结国内一流摄影家、各知名艺术家参与并记录孤残儿童在生活中绽放的灿烂笑容,深入弱势群体之中,用镜头捕捉感人瞬间。

一方面,可以使观众欣赏到高品质、有特色,兼具公益性、创新性与艺术性的摄影作品,认识到艺术的丰富内涵,体验到公益带给心灵的震撼与感动;另一方面,"天使的微笑"也向广大摄影爱好者和普通群众提供了一个展示自身作品及艺术创作才能的平台,积极呼吁普通群众参与其中,鼓励人人参与、记录生活中儿童所给予社会的感人瞬间,为北京百花齐放、百家争鸣、兼容并包、海纳百川的艺术氛围提供更广阔的空间。另外,通过多种形式的高品质公益摄影艺术教育活动,将摄影艺术送进社区、高新文化园区、儿童亲子活动区域、知名旅游目的地及社会其他单位,对艺术的推广发挥着积极作用,观众满意率极高。

如今,第九届"天使的微笑"公益摄影展在继续秉承如上使命的同时,也将带来新亮点、新变化。2023 年,刘岩文艺专项基金将目光扩展至生命的维度,第一次关注儿童以外的群体。在以舞蹈滋养儿童的成长外,也用舞蹈陪伴长者的身心。公益摄影展发起人刘岩在开幕式上表示:"舞蹈艺术是一门充满活力和创造力的表演艺术,但它的意义远不止于此。除了表演之外,舞蹈也可以作为一种艺术疗愈的方式,亲近大众的生活。它不仅局限于舞台,更是与普通人的连接。舞蹈艺术可以让每一个普通的大众享受到它所带来的快乐，而最重要的是，它能够唤起人们的参与感。因此，特殊儿童和老年人成为了我们希望能够帮助和治愈的对象。"这一决策体现了关注未来（儿童）也不忘来处（长者）的初心，也是对社会责任的回应。呼吁社会更多地关注这一弱势群体，让他们可以感受到社会的温暖和关怀、多元和包容。展览将记录老年人的生活见证，展现了他们在舞动中自然流露的活力和激情，透过镜头传递对生命与爱的尊重和感恩。

展厅内巧妙地安排孩子和老年人的照片对应陈列，开幕式现场也以少年、青年、暮年的形式展开生命的画卷，使观众更直观地被时间与生命触碰。值得一提的是，此次摄影展的执行团队是一群"90后"的年轻人，摄影师孙珂、执行策展人陈品好、项目负责人尚思乔……他们以青年人的热忱投入公益，向观众诉说那些值得被看见的笑脸。此外，现场还迎来了从摄影作品中走出的长者，他们眼角眯起的弧度是让公益行动坚持下去的答案。第九届"天使的微笑"公益摄影展选取一个剖面，将这些儿童和长者的生活见证化为艺术作品，让观众在微笑中感受到无尽的勇气和希望。这不仅是一次艺术盛会，更是一个爱心汇聚的平台；不仅将温暖传递给每一个参与者，也唤起社会更多的关注和反思。[1]

刘岩和白岩松等人在艺术公益领域的持续发声，为特殊儿童和老人群体带来了更多的关注。他们的努力让更多人意识到特殊儿童和老年人在社会中面临的挑战和困难，进一步激发了社会对这些群体的关爱和支持。同时，他们的发声也鼓励更多人参与到艺术公益事业中来，共同为弱势群体提供帮助和支持。名人效应对艺术公益事业的推动作用显著，具体体现在以下几个方

---

[1] 参见刘臻、浦峰《第九届"天使的微笑"公益摄影展在京开幕，关注特殊儿童和老年人》（https://baijiahao.baidu.com/s?id=1777168298899687545&wfr=spider&for=pc）。

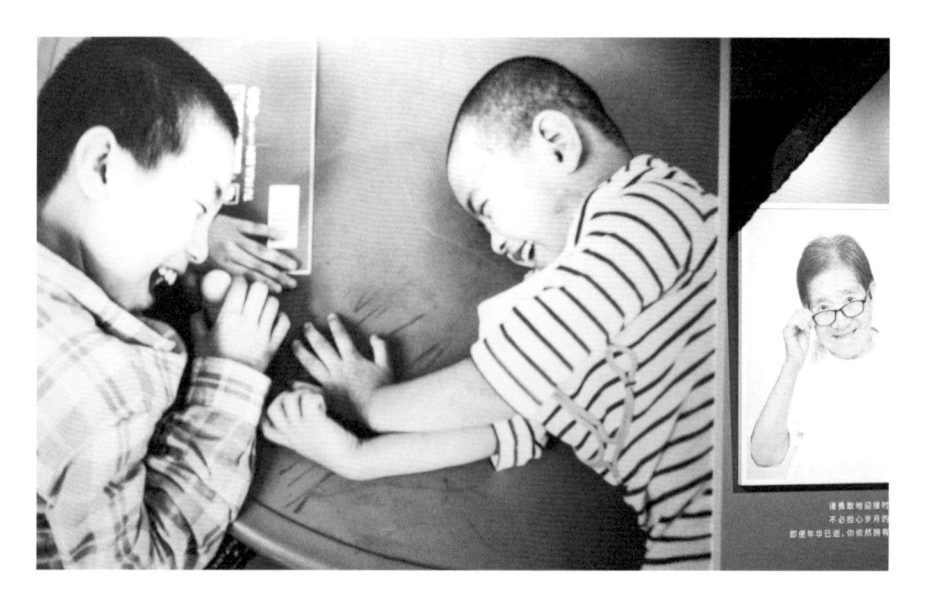

图 2-5　第九届"天使的微笑"摄影展展陈

面：第一，名人的参与能够吸引更多人的关注和媒体报道，提高艺术公益事业的知名度和影响力；第二，名人的号召力可以筹集更多的资金和资源，为艺术公益事业提供物质支持；第三，名人的参与能够激励更多人投身公益事业，发挥榜样作用；第四，名人的专业知识和技能也能为艺术公益事业提供宝贵的指导和建议；第五，名人的影响力有助于扩大艺术公益事业的影响力和覆盖面，惠及更多人。一个项目能够坚持十几年不变型难能可贵，这种坚持和不变型确保了项目始终保持初心和目标，为弱势群体提供持续性的服务。

（二）中国舞蹈家协会志愿者工作委员会与"新农村少儿舞蹈美育工程"——舞蹈角度开展公益的官方组织

"新农村少儿舞蹈美育工程"（以下简称"美育工程"）是由中国舞蹈家

协会策划并发起的文艺志愿服务品牌项目,是以关注农村及偏远地区少年儿童的舞蹈美育发展为宗旨,秉承每个儿童都可以享受平等的艺术教育的理念,量身制定的一套以舞蹈素质教育为主要手段的舞蹈美育项目。

美育工程项目从2006年开始实施以来,通过前期组织调研、编创教材、公益培训等方式,为基层舞蹈志愿者进行专业培训,提升教学技能和文化素养,期望通过切实解决农村及偏远民族地区美育教育中"缺师少教"等实际问题,构建出和谐社会服务农村公共文化体系的美育建设,缩短城乡少年儿童的素质教育差距,以舞蹈美育的方式推动少儿舞蹈精神文明建设,对培养新一代少年儿童爱党爱国的良好精神风貌,从而树立文化自信、民族自信,起到了积极的推动作用。项目自启动以来,惠及我国31个省(市、自治区),农村少年儿童在舞蹈美育上得到了普及教学,迄今为止已资助200多所乡村学校,先后在26个少数民族地区乡村学校开设少数民族舞蹈课堂,2017年被中宣部评为"优秀志愿服务项目"。

2020年是全面建成小康社会、实现第一个百年奋斗目标和打赢脱贫攻坚战的收官之年。在中国舞协分党组的领导部署下,于2019年3月将这项惠民工程项目交由正在筹备中的中国舞协舞蹈志愿者工作委员会牵头开展相关工作,提出在这一关键时期,要坚持以习近平新时代中国特色社会主义思想为统领,优化完善工程的各项制度建设,打造以文化人、以文育人、以文培元的新时代惠民工程项目,起到培根铸魂的作用。

图 2-6　冯双白与"新农村少儿舞蹈美育工程"项目

图 2-7　"新农村少儿舞蹈美育工程"项目的老师和学生们

图 2-8　罗斌与"新农村少儿舞蹈美育工程"项目

图 2-9　被授予"新农村少儿舞蹈美育工程"最佳志愿服务项目荣誉

中国舞蹈家协会牵头组织的活动对于推动艺术公益事业具有重要意义。作为全国各民族舞蹈家的专业性人民团体，中国舞蹈家协会拥有广泛的影响力和组织优势，能够有效地整合资源，推动舞蹈艺术的发展和普及。此举不仅提升了孩子们的艺术素养和审美能力，更为艺术公益事业注入了新的活力。它汇聚了广泛的社会力量和资源，共同为艺术公益事业的发展贡献力量。同时，这一项目还传递了志愿精神和爱心，激励更多人关注并投身艺术公益事业中。此外，通过关注农村地区的文化教育，它也助力了乡村振兴战略的实施，为乡村文化的繁荣发展做出了积极贡献。

（三）"舞蹈公益百校行"——以舞蹈公益命名的教育品牌

舞蹈公益百校行项目为农村留守儿童搭建了一个"美的教育"平台，让孩子可以在舞蹈教育中感受美、学习美、传承美。

图 2-10 "温暖微行动·舞蹈公益百校行"项目合影

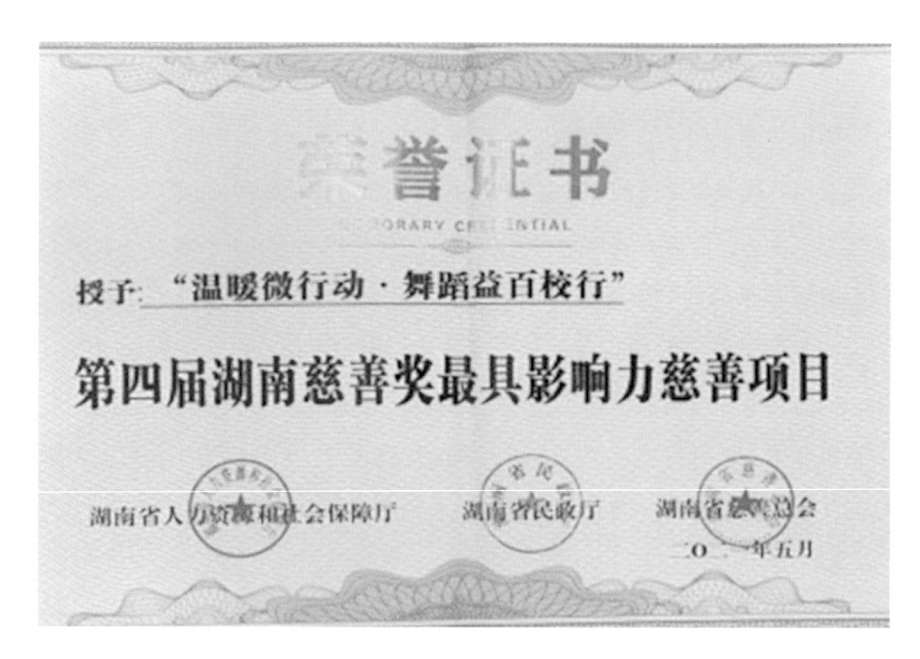

图 2-11 "温暖微行动·舞蹈益百校行"被授予"最具影响力慈善项目"证书

"温暖微行动·舞蹈公益百校行"项目由湖南省妇联指导,湖南省妇女儿童发展基金会主办,湖南农业大学体育艺术学院、长沙市芙蓉区东湖街道办事处、长沙市芙蓉区体育舞蹈协会支持,腾胜教育集团、湖南省各艺术培训学校承办,致公党湖南省委妇委会协办。该项目的目的是进一步深化关爱农村留守儿童内涵,拓展文化艺术教育外延,通过"舞蹈比赛观摩""舞蹈实践学习"等系列活动,让孩子们全方位认识、接触、学习舞蹈,近距离感受艺术魅力,培养感知美、鉴赏美、创造美的能力,并通过丰富留守儿童课余生活,改善其家庭关爱缺失、文化教育缺乏的现状。①

2017年1月1日,该项目在长沙启动。2018年,由湖南省部分体育、艺术学院及60多所艺术培训学校的教师组成的志愿者团队,再次深入全省14个市州,为新增113所学校完成了近1000多学时的免费舞蹈培训课程。2021年5月19日,第四届"湖南慈善奖"授予"温暖微行动·舞蹈益百校行"项目"最具影响力慈善项目"证书。截至2024年,"舞蹈公益百校行"已成功举办八届。

(四)北京青联女性成长学院"爱·行动"——为特殊需要人群提供免费舞蹈疗愈

"爱·行动"是舞蹈家刘岩当选北京青联女性成长学院院长后,策划并发起的第一个公益品牌项目。该项目不仅得到了北京市团委、北京青联及中国文学艺术基金会的大力支持,还标志着刘岩第二个公益十年正式开启。"爱·行动"作为女性成长学院的专属公益品牌,以关注特殊儿童成长、为

---

① 参见傅贝贝《市妇联"温暖微行动·舞蹈公益百校行"活动在慈利成功启动》(https://zjj.rednet.cn/content/2018/11/23/909935.html)。

特殊儿童提供艺术教育机会及物质资助为宗旨，为更多的女性朋友提供参与公益、关爱弱势群体的平台，呼吁全社会关注特殊群体儿童，让更多的特殊儿童在爱的行动下茁壮成长。①

2020年12月28日，北京青联女性成长学院和刘岩文艺专项基金共同发起的"爱·行动"公益项目在北京市西城区少年宫启动。这个项目推动了更多女性朋友参与公益、关爱弱势群体。现场，她对媒体表示："我依旧关注着特殊儿童群体，也希望更多的人在日常生活中能够更多关注到身边的孩子们，用实际行动守护孩子们的成长，为他们搭建一片充满爱与温暖的天空。"

2021年春节之前，北京市团委、北京青年联合会、北京女性成长学院，以及平谷区团委与平谷区残疾人联合会的相关领导与爱心嘉宾携手，共同访问了平谷区残疾人联合会，特别探访了居住于此的"星宝"们——一群需要社会特别关爱与理解的自闭症儿童。此次访问旨在传递社会对这一特殊群体的深切关怀与支持。

图2-12　北京青联女性成长学院"爱·行动"发布会合影

---

① 参见孙萌、沈靖宜、潘晓龙等《世界自闭症日关爱"星宝"　北舞学生开展"舞蹈治疗"实践活动》（http://bj.people.com.cn/n2/2021/0407/c14540-34662494.html）。

第二章　艺术公益在中国 | **049**

图 2-13　"爱·行动"课程导师合影

图 2-14　"爱·行动"课堂照片

活动中，嘉宾们不仅与"星宝"们进行了亲切的交流，还共同参与了一项富有意义的传统活动——包饺子。这一温馨的场景不仅促进了彼此之间的情感交流，也让"星宝"们在动手制作美食的过程中体验到了团队合作的乐趣与成就感。刘岩说："从去年（2020年）第一次接触到'星宝'们，就带给我特别多的感动，也有许多艺术方面的才能等待发掘，他们绘制的陶瓷瓶给我留下了很深的印象。我会像坚持舞蹈事业一样坚持公益事业，也会一直关注'星宝'们的成长。"

2021年4月起，"爱·行动"带领北京舞蹈学院18级舞蹈学科学生开展的关爱自闭症孩子"舞蹈治疗"六次课程实践在北京平谷小雨滴儿童行为矫正中心圆满完成。团队将"拉班动作分析"应用于舞蹈课程设计，将"拉班动作分析"作为观察和干预的舞蹈治疗手段。引导儿童从：Breath（呼吸）、Head-Tails（脊柱运动）、Body Half-upper/lower（上肢、下肢）、Body Half-right/left（左边、右边）、Diagonal（对角线）、Core（核心）等角度出发去觉察、感知、了解自己的身体；通过不同形状（Shape flow）、方向（Directional）、造型（Shaping）去表达，将情感通过动作的力效（effort）得以表达。期望通过以"拉班动作分析"为理论支撑设计舞蹈课程，能够给予孩子们心理层面正向引导，尝试以舞蹈的形式，以"身心结合"的方式，助力"星宝"们健康成长。

（五）身身不息——民办艺术无障碍平台，专注舞蹈疗愈

身身不息（BODY ON&ON）是一家以身体为本体的当代文化艺术策划/制作机构，秉持"一切从身体出发"的理念，自2019年创立以来，身身不息发起了"身体访问计划"、"星空艺术节"（中国首个包容性艺术节）、"Touch接触即兴艺术节"、"身体游牧计划"、"中英无障碍艺术论坛"、"艺

术无障碍"平台、"当代身体工作坊系列"等项目，激发智性的、感性的、觉性的身体场域，致力于探索身体的时代能量、艺术的社会价值，共同推动个体的成长、社会的包容。[1]

艺术无障碍平台（Access for Change）倡导：（1）以残障人士面临的社会障碍为着眼点，力图消除阻碍残障人士完全、平等参与艺术活动的种种阻碍，包括物理阻碍、文化阻碍、沟通阻碍、态度阻碍等；（2）通过加深与残障群体的交往、沟通和连接，积极推动无障碍文化艺术项目的策划、制作及传播；（3）积极吸纳残障人士参与到机构/组织的无障碍文化艺术项目的全程，拓展多样视野，丰富无障碍经验，使所有群体都能从中受益。[2]

以"星空疗愈计划"为典范，该计划作为北京身身不息文化交流中心于2019年匠心独运的杰作，不仅标志着中国首个聚焦于包容性艺术发展的非营利性艺术节的诞生，更是社会公益与艺术创新深度融合的典范。该计划植根于促进社会公正的土壤，以消除社会偏见、播撒艺术之光为神圣使命，致力于为残障群体、特殊需要人士及边缘化社群搭建起一座通往公众视野的艺术桥梁。通过这一平台，不同国籍、社群背景及人生经历的创作者与观众得以相聚，共同在艺术的海洋中探索、成长与交流，促进了文化多样性和社会包容性的深刻实践。

"星空疗愈计划"的灵感与经验，部分汲取自苏格兰芭蕾舞团于2017年开创性的"舞在当下"舞蹈疗愈项目。该项目以其独特的人文关怀与艺术视角，专注于认知症（尤其是阿尔茨海默病）患者及其照护者的福祉，

---

[1] 参见身身不息《身身不息2021计划与春招｜我们的身体与他人、与社会紧紧相连》（https://mp.weixin.qq.com/s/AM3q2c04fHRr5ggqoNNsDA）。
[2] 参见刘臻《艺术无障碍平台正式启动，天桥艺术中心等机构成为首批成员》（https://baijiahao.baidu.com/s?id=1685134552510746672&wfr=spider&for=pc）。

展现了艺术在心理健康支持和社会服务领域的非凡力量，成为国际上艺术疗愈与社会应用相结合的杰出案例。受此启发，"星空疗愈计划"进一步探索了艺术在促进情感沟通、心理康复及社区融合方面的无限潜力，为中国乃至全球的艺术公益事业贡献了宝贵经验与启示。①

图 2-15 "星空疗愈计划"课堂照片

---

① 参见身身不息《舞在当下：北京 | 阿尔茨海默患者与照护者舞蹈疗愈工作坊招募》（http://www.baidu.com/link?url=wbZNnVV6AQRB1h5_L4keGCn-yVXdjB5gqDJfzwshlcp-QkxwSM96RfWV9VweYXNyCDbmNFWwBqJlXEgmsh-MtiBw6WiIURNI1sIvv18EobW）。

图 2-16 "星空疗愈计划"照片

项目着重采用舞蹈治疗中与社会心理学交叉的部分——舞蹈运动心理治疗（DMT）与定性研究、混合方法研究，注重融入感（Absorbed）、活力（Active）、幸福感（Cheerful）、鼓舞性（Encouraged）、启发性（Enlightened）、激励性（Inspired）这 6 个维度在参与者尤其是长者身上的体现。得到了苏格兰芭蕾舞团、北京舞蹈学院人文学院、认知症照护合作机构关爱惟士（Care Visions）、认知症合作社会组织上海尽美长者服务中心、英国文化教育协会（British Council）及中国文学艺术基金会刘岩文艺专项基金的支持。

在充分借鉴苏方经验的基础上，"星空疗愈计划"项目团队进行了本土化实践，在工作坊的设计中，结合中国长者更有共鸣的律动方式，如民族舞、戏曲、太极拳、八段锦等传统文化艺术以及经典的民歌、红歌进行内容打造，以人文与包容的视角进行开展，在工作坊过程中注重对家庭关系的关照，对"连接感"的重视，也注重患者与照护者之间的情感交流和艺术表达，以公益的方式将艺术的滋养带给更多的认知症家庭。

（六）"彩云计划"——乡村孩子的芭蕾梦，促进教育公平

国际21世纪教育委员会主席雅克·德洛尔说："当人类面临未来种种挑战和冲击时，教育将成为人类追求自由和平与维持社会正义最珍贵的工具。"[1]

那夺村，云南省文山州砚山县的一个彝族村落，离县城35千米，有72户人家，2013年底被认定为贫困村（现已脱贫并融入乡村振兴的洪流中），村里多数孩子为留守儿童。张萍，作为在北京深耕舞蹈教育超过二十年的资深教师，尽管职业生涯主要在北京展开，但她的心始终与故乡砚山县紧密相连。2016年，一次偶然的机会，当她回到这片充满回忆的土地时，目睹了贫困家庭孩子们的生活现状，内心深受触动。

受到这一景象的激励，张萍与她的丈夫关於迅速行动起来，共同策划并实施了一项名为"彩云计划"的公益项目。该项目旨在通过义务辅导和资

---

[1] 参见西安电子科技大学新闻网《高等教育公平的价值取向》（https://news.xidian.edu.cn/info/1010/11905.htm）。

图 2-17 "彩云计划"发起人关於与孩子们

图 2-18 "彩云计划"发起人张萍与孩子们

助，为这些孩子提供学习舞蹈的机会，以此作为他们探索未来、追求梦想的新途径。张萍夫妇相信，舞蹈不仅能够丰富孩子们的精神世界，更有可能为他们开启一扇通往更广阔天地的大门。

孙中山先生曾在一百多年前指出，"教育兴农，复兴国家"，"教育兴则乡村兴"。农业、农村、农民问题不仅关系到国家经济统筹协调快速发展，也关系到我国和谐社会的构建。党和政府一贯非常重视"三农"问题。党的十九大提出实施乡村振兴战略是决胜全面建成小康社会、开启全面建设社会主义现代化国家征程的重大历史任务，并强调推动城乡义务教育一体化发展。[1]

寻找乡村教育发展的根本问题是促成乡村教育振兴的根本任务。在乡村教育发展的根本问题上争议较多。曹长德指出乡村教育的根本问题在于教育公平与教育效率的价值交锋。蔡志良则认为城乡教育不公平问题将愈演愈烈，归结为20世纪90年代末以来的撤点并校运动。周兴国认为乡村学校失去了乡村的支撑，处于"悬浮态势"，造成了乡村教育与乡村社会的隔离。此外，留守儿童、寄宿制学校和学生营养餐计划等现象，均是乡村教育与乡村社会隔离的产物。范先佐则指出当前限制乡村教育发展的根本问题在于教师，乡村教师对乡村文化的理解出现了偏差。他在《乡村教育发展的根本问题》一书中指出，乡村学校教育发展主要还是看教师，现代优秀毕业生不愿到农村去、优秀教师留不住、农村学校教师老龄化现象较为严重、教师结构活力不足。马宏瑞认为乡村教师与乡村文化融入程度不高，使得乡村教师脱离了乡土文化的涵养。显然，当前研究乡村教育问题没有跳出"教育"来看"中国"，而是就"乡村"谈"乡村教育"，并未给

---

[1] 参见光明日报评论员《教育兴则乡村兴》（https://www.sohu.com/a/252164605_115423）。

出乡村教育发展问题的合理价值选择，以致乡村教育处于一边被"逃离"、一边被"发展"之中。①

"彩云计划"致力于实现乡村孩子的芭蕾梦，通过舞蹈艺术推动教育公平，助力乡村振兴。张萍和关於让乡村孩子们有机会接触到优质的艺术教育资源，培养他们的审美能力和创造力，同时激发他们对美好生活的追求和向往。通过舞蹈这种具有广泛影响力的艺术形式，彩云计划不仅为乡村孩子们提供了一个展示才华的舞台，还为乡村文化振兴注入了新的活力。以创新的方式推动教育公平，让乡村孩子们在平等的机会下成长发展，从而促进乡村振兴和社会的和谐发展。

图 2-19 "彩云计划"海报

---

① 参见欧阳修俊《新中国成立 70 年乡村教育研究回顾与思考》，《现代远程教育研究》2019 年第 2 期。

（七）果味 VC 乐队与《果味 VC 的童话选集》——音乐共创共融未来

五年来，果味 VC 通过与孤独症孩子携手演唱，用孤独症孩子的画作制作音乐专辑等，呼吁社会大众关注孤独症青少年的艺术教育，成为点亮"星星"的人。用音乐传递爱与感动，助力公益与爱同行。[①]

果味 VC 自出道以来，在不断创作优秀音乐作品的同时，一直热衷于公益事业。此前，果味 VC 乐队和他们的朋友们（面孔乐队主唱陈辉、谢春花、窦佳嫄）曾开展过一场特殊的专场演出，此次音乐会，团队摒弃了对电声设备的依赖，采用了不插电（Acoustic）的表演形式，以一种更为纯粹、质朴的方式演绎摇滚乐，营造出一种独特而温馨的现场氛围。舞台上，暖黄色的星星灯与摇曳的烛光交相辉映，不仅为观众带来了视觉上的享受，更寓意着希望与光明，与现场流淌的动人旋律相得益彰，共同编织成一首关于爱与关怀的交响乐。他们将这份关爱珍藏在音符里，给白血病儿童带来温暖与希望，为需要帮助的白血病儿童贡献自己的力量、传播正能量。果味 VC 还曾参与"咪咕音乐课堂""为地球发声""与牠同行"等多场音乐义演与公益直播，他们用一次次生动又精彩的音乐课、一场场温馨又深情的活动，满足了"小天使"们的音乐梦想，用音乐的力量给每一个需要帮助的孩子带来阳光与希望。2023 年，果味 VC 乐队带着新专辑《果味 VC 的童话选集》开启全国巡演，宣传海报、品牌方赞助产品均选用金羽翼学员绘画作品作为元素赠送给来到现场的歌迷，用实际行动传播着爱和公益。

值得一提的是，果味 VC 乐队一直以来都非常关注公益事业，特别是对自闭症儿童的关注。他们认为音乐具有治愈的力量，可以帮助自闭症儿童缓

---

① 参见《果味 VC 用音乐传递爱与感动 助力公益与爱同行》（https://ent.ynet.com/2024/01/24/3721766t1254.html）。

图 2-20　果味 VC 与孤独症孩子携手演唱

图 2-21　果味 VC 乐队被授予"公益大使"奖

解情绪,增强社交能力。因此,他们决定通过发行《果味VC的童话选集》来为自闭症儿童提供帮助。《果味VC的童话选集》是一张音乐人与有音乐梦想的孤独症儿童共同创作的合集,以童话为线索让他们感受到被关注和关爱的温暖,同时也唤起更多人对孤独症儿童的关注和帮助。

2024年初,果味VC受邀出席了由中国残疾人事业新闻宣传促进会和北京金羽翼公益基金会主办的"向阳绽放 不负韶华——2023全国残障青少儿艺术双年展颁奖典礼暨汇报演出",并被授予"公益大使"荣誉称号。

除了果味VC乐队之外,中国还有许多音乐人和艺人也在积极参与公益事业,为弱势群体发声。他们用自己的才华和影响力,为社会做出了积极的贡献。例如,韩红是一位备受尊敬的音乐人和慈善家,她创立了"韩红爱心慈善基金会",致力于为贫困地区的孩子和弱势群体提供医疗、教育等方面的帮助。韩红不仅自己捐款、参与公益活动,还号召更多的人加入慈善事业中来。此外,汪峰也是一位热心公益的音乐人和歌手,他积极参与各种公益活动,包括为自闭症儿童、留守儿童等弱势群体提供帮助。汪峰不仅捐款支持公益组织,还通过自己的音乐作品传递正能量,呼吁更多人关注社会问题。这些音乐人和艺人用自己的行动和影响力,为社会公益事业做出了积极的贡献。他们的善举和关爱,不仅让弱势群体感受到了温暖和帮助,也让更多人意识到了关注社会、关爱他人的重要性。我们应该向这些公益事业的倡导者学习,用自己的力量为社会做出积极的贡献。

(八)WABC无障碍艺途"一元购画"项目——科技的发展,让公益的实现形式越来越多元

一项公益活动,不到半天时间,580多万人参与,募款超过1500万

元。WABC无障碍艺途的"一元购画"项目是一个非常有意义的公益项目。它的背景是关注特殊人群的艺术教育,特别是帮助患有自闭症、智力障碍、脑瘫等病症的特殊人群实现自我价值,改变情绪,以及让社会更易接纳他们。

项目创意来自对特殊人群的深度理解和关爱。通过艺术教育,这些特殊人群能够更好地表达自己,提升自我价值感,同时也能够为社会带来独特的艺术作品。同时,这个项目也促进了社会对于特殊人群的包容和接纳,为特殊人群融入社会提供了更多的机会和可能。①

这是一个将公益、艺术和科技相结合的全新尝试。在科技不断发展的背景下,这种结合为公益事业带来了更多的可能性。首先,这种结合充分利用了科技的力量,提高了公益的效率和影响力。通过互联网和移动支付等技术,人们可以更方便地参与到公益活动中来,而且这种参与方式也更具有互

图 2-22　WABC无障碍艺途的"一元购画"项目宣传界面

---

① 参见澎湃新闻《一元钱购画的"小朋友画廊":从"苦"慈善到"酷"慈善》(https://www.sohu.com/a/168560700_260616)。

动性和参与感。这不仅增加了公益活动的受众范围，也让更多人能够亲身参与到公益事业中来。其次，艺术作为一种表达和沟通的方式，在公益和科技的结合中发挥了独特作用。特殊人群可以通过艺术来表达自己的内心世界，传递情感和思想。而这种艺术作品不仅可以引起人们的共鸣，也可以促进社会对于特殊人群的理解和接纳。同时，艺术也可以作为一种创新的公益形式，吸引更多人参与到公益事业中来。最后，这种结合也带来了更多的创新和实验机会，通过将科技和艺术引入公益事业，我们可以尝试新的公益模式和方法，不断探索更好的公益实践。这种创新不仅可以提高公益事业的效率和质量，也可以为更多人带来温暖和希望。

总的来说，WABC无障碍艺途的"一元购画"项目是一个非常成功的将公益、艺术和科技相结合的尝试。它充分利用了科技的力量，提高了公益的效率和影响力，同时也让更多人通过艺术理解来接纳特殊人群。这种创新的公益模式，不仅值得其他组织和机构学习和借鉴，也为未来的公益事业带来了更多的可能性。

尽管"一元购画"项目取得了巨大的成功和影响力，但在其过程中也出现了一些质疑和争议。这也反映出了公益行业在透明度和公信力方面所面临的挑战。透明度是公益组织公信力的基石。公众对于公益组织的信任来源于对其运作方式的了解和对其资金使用的透明度的认知。在"一元购画"项目中，一些人质疑其资金的使用情况，认为捐款并没有全部用于支持特殊人群的艺术教育。这种质疑可能导致公众对项目的信任度降低，甚至对整个公益行业产生负面影响。为了提升公益组织的透明度，公益组织应该建立健全的财务管理和信息公开制度，及时向公众公布资金使用情况和项目进展情况。同时，公益组织也应该积极回应质疑，对于存在的问题进行整改，以重建公众的信任。质疑和争议的喧嚣过后，提高公益组织的

图 2-23　WABC 无障碍艺途的"一元购画"项目在微信朋友圈的传播

透明度、提升公益行业的公信力、促进公众对公益的正确认知,都还有很长的路要走。

(九)艺术家驻留——公益与公共艺术

艺术家驻留是指艺术家在特定时间内在新环境中进行思考、研究和创作。驻留项目跨越国境和文化,让艺术家置身于非日常空间,与当地人交流,获取新的灵感。驻留地是艺术生产的培育室,也是筹资、建立联系和寻找灵感的重要机会,其历史可追溯到 1663 年的罗马奖,当时法国皇家绘画和雕塑学院选拔最杰出的参与者,提供前往罗马的机会,接受著名艺术家指导,并由法国国王承担费用。自 1803 年起,梅蒂奇别墅成为艺术家驻留地,至今仍接收来自不同艺术领域的艺术家。而真正意义上的艺术家驻留制度始于 20 世纪初的美国,当时政府开放了优厚的文化政策,福特财团等提供了资助。亚多(Yaddo)和伍德斯托克·伯德克利夫

（Woodstock Byrdcliffe Artist in Residence Program）是最早的现代意义的艺术家驻留计划项目之一。如今，艺术家可以自由选择感兴趣的文化和驻地项目，在异域地缘进行创作实践，实现自己的创作理想，结识不同个体，碰撞出灵感的火花。①

艺术家驻留计划与公益的结合点很多。例如文化传承与保护、社区发展与建设、公益教育、公益筹款与募捐、弱势群体的关注与支持、环保与可持续发展等方面。通过艺术家的作品，更多人可以了解和关注当地的文化特色，进一步传承和保护地方文化；艺术家驻留为当地社区注入新的活力，通过艺术活动、创作和展示，推动当地经济发展和旅游业的繁荣；可以与当地的学校和教育机构合作，提供艺术教育课程和培训，有助于提高当地青少年的艺术素养，还可以为他们提供更多的学习和就业机会；通过举办艺术展览、义卖等活动筹集资金，用于支持当地的社会福利事业、教育、环保等公益项目；艺术家驻留计划可以关注和聚焦当地的弱势群体，如贫困儿童、残障人士等，通过艺术的方式为他们提供关怀和支持，帮助他们建立自信、表达自我；艺术家驻留计划可能将环保理念融入创作中，提高公众的环保意识，关注当地的可持续发展问题，通过艺术作品呼吁大家关注和参与环境保护与可持续发展。

"为爱上色"项目通过艺术家驻留计划，将艺术与公益紧密结合，为偏远地区的学校带来了美化与改善，同时也激发了社会各界对公益事业的关注和参与度。这种创新的公益模式，为艺术和公益事业的发展注入了新的动力和活力。"为爱上色"是由立邦涂料（中国）有限公司携手杜邦摄录像协办，

---

① 参见张宗希《关于"驻留"的历史》，《东方艺术》2015 年第 11 期。

图 2-24 "为爱上色"项目作品

图 2-25 "为爱上色"项目所在地区

由中国青少年发展基金会于 2009 年开启的一项公益活动。立邦相信每个孩子都是天生的艺术家。基于此，立邦发起"为爱上色"（Color, Way of Love）行动计划，从偏远地区学校的校园美化到美术教育支持，致力于为儿童的想象力注入缤纷色彩，为世界带去爱、色彩与欢乐。基于此信念，该项目不仅聚焦于物质环境的改善，如校园墙面的彩绘与美化，更深层次地，它致力于在精神层面激发儿童对美的感知与创造力，促进美术教育资源的均衡分配，让爱、色彩与欢乐成为连接每一个孩子心灵的桥梁，共同绘制出一幅幅充满爱与希望的未来图景。①

（十）共生不错舞团——"人人皆可舞"

在现今这个信息繁杂、真相难辨、不确定性日益增加的时代，身体作为一种实在且可感知的存在，具有着无法估量的能量，它既能表达自我，也能建立情感联系。与"接触即兴"的理念相呼应，"共生舞"同样是一种基于身体的、具有包容性的艺术实践。

"共生舞"秉持着"人人皆可舞"的信念，它使舞蹈不再是少数人的专利，而是每个人的权利。无论身体有何种差异，每个人都能通过共生舞创造出属于自己的独特舞蹈。共生不错舞团的艺术总监丸仔强调，共生舞没有固定的动作规范，它鼓励舞者们感受自己身体的力量，并通过肢体将其表现出来，从而达到最美的艺术效果。

共生不错舞团自 2018 年 6 月成立以来，一直致力于推广和实践"共生"理念。他们通过举办各种形式的舞团活动，吸引了众多身体障碍者加入，他们通过舞蹈与身体的表达，展现了特殊群体（残障群体）与非残障群体的内心世界，通过这种方式，残障认知的鸿沟得以弥合，一个多元、包容、共生的世界逐渐展现在我们面前。

视障舞者慧恒分享道："共生舞对我而言，不仅仅是一种舞蹈形式，更是一个全新的视角，让我重新理解自己。我逐渐意识到，是他人对残障的刻板印象束缚了我的身体、行动和思想。但当我真正投入共生舞的怀抱，我发现，即使身为视障者，我不仅能跳舞，还能成为引领他人的在某种意义上的带领者。"

---

① 参见郭丽红《立邦中国："为爱上色"公益项目》，《上海质量》2022 年第 1 期。

图 2-26　共生不错舞团剧照

在共生舞的创作过程中，残障人士与非残障人士有机会就身体经验进行深入交流，并在抽象和解构后将各自独特却又相通的生命体验融入舞蹈作品。这一过程不仅帮助舞者们重新审视自己的身体观念和形成过程，更在不断的回溯和创造中激发了对自我价值的肯定。同时，观众们也在欣赏作品的过程中感受到了舞者们传达出的生命能量，从而在与舞者们基于身体和舞蹈的互动中，逐渐消除了对残障者和残障艺术的刻板印象。

（十一）星空认知症疗愈计划——音乐、舞蹈关爱阿尔茨海默病长者和他们的照护者

在我国，约有 1507 万名 60 岁及以上的认知症患者[①]。

---

① 据中国老龄协会 2021 年发布《认知症老人照护服务现状与发展报告》。

图 2-27　共生不错舞团演出合影

对于认知症患者来说，他们不仅要面对疾病的困扰，还要面对照护者的心理压力。有研究显示，20% 的照护者患有忧郁症；65% 的人有忧郁倾向；87% 的人出现慢性精神衰弱现象，而 66 岁至 96 岁照护者的死亡率比同龄非照护者高出 60%。这表明无论是认知症患者还是他们的照护者都面临着巨大的身心压力。

尽管如此，目前国内针对认知症的基础性服务仍然有限，尤其是缺乏从人文和艺术角度出发的心灵关怀。这使对整个认知症家庭的系统性支持变得尤为重要，而舞蹈疗愈正是一种可以帮助认知症患者和他们的家庭的新方法。

"星空疗愈计划"凭借系统性艺术疗愈工作坊，将重塑认知症患者的自我认同感、沟通与表达能力；提高照护者对于照护的理解，做自己的身心疗愈师；改善认知症家庭关系与整体生活质量。

发端于苏格兰的舞蹈疗愈方法，作为一种创新的干预手段，主要针对认知症群体及其陪护者提供情感与身体的双重支持。该项目深刻融合了艺术实践与人文关怀的核心理念，旨在通过非言语的舞蹈表达，触及并改善参与者的内心世界与社交互动。

当前，"星空疗愈计划"已成功培养出首批专业的舞蹈治疗师，他们通过"舞在当下—中国"系列工作坊，将舞蹈疗愈的理念与实践引入中国，为认知症患者及其家庭带来了一场别开生面的疗愈之旅。在这一系列精心设计的活动中，音乐与舞蹈成为连接心灵的桥梁，帮助参与者跨越认知障碍，在舞动中重寻自我，点亮内心深处的光芒。

而对于陪护者而言，这一过程同样具有深远的意义，它不仅加深了他们对患者情感状态的理解，还促进彼此的情感交流与相互支持，共同构建了一个更加和谐、充满爱的疗愈氛围。

"星空认知症疗愈计划"中的艺术公益价值主要体现在以下几个方面。首先，艺术具有独特的情感表达和沟通功能，可以帮助认知症患者和家庭成员进行深度的情感交流，增强彼此的理解和共鸣。通过艺术的方式，患者可以更好地表达自己的内心世界，释放情绪、减轻焦虑和孤独感，照护者则可以更深入地了解患者的需求和感受，提供更有针对性的支持和关爱。其次，艺术公益有助于提高认知症家庭的生活质量。通过艺术疗愈和创作活动，患者可以重新找回生活的乐趣和意义，激发内在的潜力和创造力，照护者则可以在忙碌的照护之余，找到放松和自我成长的机会，提升个人幸福感和心理状态。另外，艺术公益还能起到社会倡导的作用，通过宣传和教育活动，提高社会对认知症的认知和理解，消除歧视和偏见，为患者创造更加友善的社会环境。再次，艺术公益能够促进跨界合作和创新。艺术与医疗、社会服务的结合，可以为认知症患者提供更全面、个性化的支持，这种跨领域的合作模式能够激发新的思路和方法，推动认知症疗愈领域的发展和创新。最后，艺术公益还能够连接个体与社区，帮助患者和家庭融入社区生活，建立互助和支持的网络，共同应对认知症带来的挑战。

总之，"星空疗愈计划"不仅是对传统医疗模式的补充，更是对人文关怀理念的深刻践行，为认知症群体及其家庭带来了全新的希望与可能。通过艺术的方式，我们能够跨越障碍，连接心灵，共同创造一个更加包容、关爱的社会环境，让认知症患者及其家庭感受到温暖和支持。

（十二）记忆咖啡馆——影视助力认知症友好社区新探索

洋泾·记忆咖啡馆，一个独特的公益咖啡馆，由认知症老人参与运营，展现他们的生活与才华。在尽美与上海洋泾社区公益基金会的共同倡议下，以及在 MSH 等爱心企业和洋泾街道的支持下，这家咖啡馆现已开启试运营。在这里，认知症老人在为顾客提供服务的过程中，不仅增加了与他人的交往和沟通，还锻炼了他们的认知能力，从而提升了他们的信心和价值感。[1]

记忆咖啡馆不仅是一个品尝咖啡的场所，更是一个充满爱与关怀的社区。轻度认知症长者在此担任"见习服务生"，通过与人交往和服务，他们的认知能力可以得到训练，这有助于延缓病程，并提升他们的价值感。而对于那些长期照料认知症患者的照料者们，这里也成为他们找回社交生活的场所，他们以微笑服务开启自己新的人生。此外，企业员工、街坊邻居和热情的小朋友们都积极担任爱心志愿者，协助咖啡馆成为一个持续传递爱与关怀的空间。

---

[1] 参见上海记忆咖啡馆《新闻透视：暖心，记忆咖啡馆里的"老宝贝"们》（https://baijiahao.baidu.com/s?id=1788147886267831588&wfr=spider&for=pc&searchword=）。

在中国，随着老龄化社会的迅速推进，众多青年群体正面临着一项日益凸显的挑战：在追求个人职业发展于大城市奋力拼搏与回归家庭承担赡养父母责任之间的艰难抉择。这种困境深刻体现了"子欲养而亲不待"的传统伦理焦虑，成为许多年轻人内心深处挥之不去的忧虑与苦楚。家庭成员之间往往难以保证足够的陪伴与深入交流。这种亲情的疏离不仅加剧了彼此的孤独感，还容易导致误解与矛盾的滋生，为原本就复杂多变的生活增添了额外的压力与困扰。

2020年，一档综艺节目《忘不了餐厅》迅速吸引了全国范围内的广泛关注。该节目的创意灵感源自日本的一项公益活动，该活动巧妙地设立了一家"易出错餐厅"，并邀请阿尔茨海默病患者担任服务员，以此独特方式唤起社会对这一群体的深切关注。

在节目筹备阶段，创作团队进行了深入的市场调研，揭示了一个令人担忧的事实：阿尔茨海默病的漏诊率高达70%，许多家庭直到老人走失后才意识到问题的严重性。为此，《忘不了餐厅》在录制过程中采取了极为严格且专业的安全保障措施。主创人员接受了专业培训，学习了如何与认知障碍老人建立有效沟通；同时，为老人们量身定制了拍摄计划，确保他们在轻松愉快的氛围中参与，每日拍摄时间不超过3小时，并设有合理的休息日。此外，现场还配备了医疗团队、社工人员及急救车辆，全方位守护老人们的健康安全。

《忘不了餐厅》采用综艺与科普相结合的模式，将认知障碍问题融入故事讲述中。它不仅关注老人的生活状态，还通过节目的影响力激发大众对认知障碍和老年群体的关注。这种公益与科普相结合的方式传递了爱的温度，让观众感受到"星、老"之间真实有爱的趣味碰撞、食客与老人之间的爱与理解，以及餐桌上的人生百态和平静生活下隐藏的澎湃力量。

这个项目利用影视的力量，探索建立认知症友好社区的新路径。艺术公益在此过程中展现出无可替代的价值。首先，它有力量唤醒社会对认知症群体的关注和理解。通过影视作品的呈现，让更多人深入了解认知症患者的困境和需求，从而打破社会对他们的误解和偏见，减少歧视。再者，艺术公益有助于促进社会对认知症的认识与理解，推动相关政策的完善与实施。优秀的影视作品能够引发社会的广泛关注与深入思考，促使政府和社会更加重视认知症问题，推动相关政策的制定和实施，从而为认知症患者创造一个更加友好的社会环境。该项目不仅能唤起社会关注、提升患者的生活质量，还能推动相关政策的完善与实施。通过影视这一媒介，我们能够更深入地探索认知症友好社区的构建路径。

图 2-28 忘不了餐厅"员工"合影

图 2-29　忘不了餐厅环境

图 2-30　忘不了餐厅环境

图 2-31 忘不了餐厅"员工"休息时间

图 2-32 忘不了餐厅"员工"为顾客点菜

第三章 艺术公益的价值

艺术公益在基础教育、特殊教育和国民教育等方面具有不可替代的价值，它不仅丰富了教育内容，还为个体的发展提供了更多可能性；同时作用于社会公平，有利于缩小教育资源差距；还作用于艺术发展，可以促进艺术的传承与创新。这些价值相互交织、共同作用，彰显了艺术公益在社会发展和文化进步中的重要地位。

一、基础教育方面

（一）基础教育在中国

　　中国基础教育的发展历史可以追溯到周朝时期，当时已有"国学""乡学"和"私学"。到了秦朝，实行了一系列教育制度改革，统一了文字，建立了统一的教育制度，推行了一些普及教育的政策，并成立了官方学校来培养官员和士人，这是中国基础教育发展的重要里程碑；隋唐时期，基础教育进一步发展，教育机构成立了科考制度，通过科举考试选拔官员，这进一步促进了基础教育的普及；到了近现代，中国基础教育在五四运动时期得到了进一步的发展，中国共产党创造性地提出了新民主主义教育方针，为新民主主义革命时期的教育探索和实践提供了指导。

　　近几十年来，中国政府实施了一系列新的教育政策，推行了一系列新的教育理念。其中最具有里程碑意义的政策是1986年开始实施的九年义务教育制度，旨在保障全国每个孩子至少接受九年义务教育。此外，政府还推行了素质教育，旨在培养学生的综合素质，包括思维能力、创新能力、实践能力等。政府在这方面也加大了投入，建立了一系列实验性教育项目和课程，如PISA测试、STEAM教育等。另外，"新基础教育"也是近年来备受关注的一种教育理念，它从生命和基础教育的整体性出发，致力于唤醒每一个生命的教育活动，让每一个生命真正"活"起来。

当前，我国存在学生学业负担过重的现象，学生和家长面临巨大的教育压力。此外，贫富差距的悬殊导致富裕家庭可以选择参加各种补习班，而普通家庭则难以承担高额的教育费用。这种不均衡的教育资源分配使得许多学生无法获得优质的教育，进一步加剧了教育不公的问题。为了解决这些问题，减轻学生和家长的负担，提升教育的公平和质量，我国政府出台了"双减"政策。

"双减"政策主要包含：减轻学生的作业负担（通过减少作业总量、提高作业质量、强化教师职责以及减轻家长负担等方式，降低学生的学习压力，让学生有更多的时间进行自我发展和兴趣培养）；提升学校课后服务水平（为了解决家长无法接送孩子的问题，满足学生个性化需求，拓展课后服务资源，并加大对课后服务教师和人员的激励力度，这样可以为学生提供更多样化的课后服务，满足学生的多元化需求）；全面规范校外培训行为（对校外培训机构进行严格审批，严禁资本化运作，建立培训内容备案与监督制度，严控学科类培训机构开班时间，并将学科类收费纳入政府指导价，有效遏制校外培训机构的过度扩张和乱象，保护学生的权益）；大力提升教育教学质量（通过扩大义务教育优质资源、提升课堂教学质量、降低考试压力以及严肃查处教师校外有偿补课等方式，提高学校教育的质量和水平，为学生提供更加优质的教育环境）。

"双减"政策为我国教育领域带来了新的变革，其影响深远而积极。首先，该政策强化了学校教育的主导地位，深化了对校外培训机构的规范管理，有效保障了广大学生和家长的权益，构建了更加健康的教育生态。其次，"双减"政策缓解了家长的焦虑情绪，让他们能够更加理性地看待孩子的教育问题。这一政策有助于促进学生的全面发展，让他们在轻松愉悦的环境中茁壮成长。此外，"双减"政策对教师的工作提出了更高要求。随着政策的推行，教师需要不断提升自身的专业素养和教育能力，以适应新的教育环境和学生需求。总的来说，"双减"政策对于推动教育公平、提升教育质量、促进学生全面发展等方面都具有重要意义。[1]

（二）艺术公益在基础教育方面的价值

1. 有助于学生的全面发展

艺术公益通过提供艺术教育资源和艺术活动，帮助学生培养审美意识、创造力和表达能力。这些能力对于学生的全面发展和未来成长具有重要意义。换言之，艺术公益项目在学生全面发展中发挥着至关重要的作用，而这种作用在中国教育部出台的各项教育政策和新课程标准中得到进一步强化和体现。

第一，艺术教育与德育的结合是促进学生全面发展的重要方式。通过参与艺术公益项目，学生能够培养积极的人生态度和道德观念，形成正确的价

---

[1] 参见马维娜《社会变迁中的中国教育研究》，《教育研究与实验》2022年第2期。

值观。这有助于引导学生形成良好的品德和行为习惯，成为有责任感、有担当的公民。

第二，艺术公益项目有助于培养学生的创新能力和实践能力。在新课程标准的指导下，教育更加注重学生的实践能力和创新思维。艺术公益项目为学生提供了丰富的艺术实践机会，激发学生的创新思维和想象力。通过参与艺术创作和表演，学生能够发展自己的观察力、表达力和协作能力，提高解决问题的实践能力。这对学生未来的学习和职业生涯都具有重要意义。

第三，艺术公益项目能够提升学生的审美素养和文化自信。在新课程标准的指导下，中华优秀传统文化的传承与弘扬成为教育的重要内容之一。通过参与艺术公益项目，学生能够接触和了解中华优秀传统文化，提升自己的审美素养。同时，学生能够增强对中华文化的认同感和自豪感，培养文化自信。这对于传承和弘扬中华优秀传统文化具有重要意义。

第四，艺术公益项目能够培养学生的团队协作精神和社会责任感。艺术公益项目通常需要学生之间进行协作和配合，培养团队协作精神，更加注重学生的社会责任感和公民意识的培养。同时，通过参与公益事业，学生能够意识到自己对社会的责任，培养社会责任感和公民意识，这有助于学生更好地融入社会，为社会做出贡献。

第五，艺术公益项目能够激发学生的兴趣和潜能。新课程标准鼓励教育更加注重学生的个性化发展。艺术公益项目为学生提供多样化的艺术体验和学习机会，让他们根据自己的兴趣和特长选择合适的艺术领域进行深入学习和探索。这有助于激发学生的兴趣和潜能，培养他们的专业素养和才华。学生的个性化需求得到满足后，他们将更加自信地追求自己的梦想和目标。

第六，艺术公益项目能够增强学校与社区的联系。在新课程标准的指导下，学校与社区的合作与交流成为教育的重要方面之一。通过参与艺术公益项目，学校能够与社区建立起良好的合作关系，共同推动社区的文化建设和发展。这有助于学校的教育教学工作得到更广泛的认可和支持，同时也有利于社区的文化繁荣和社会进步。

综上所述，结合中国教育部出台的各项教育政策和新课程标准，艺术公益项目在学生全面发展中发挥着重要的作用。它不仅能够培养学生的德育素养、创新能力和实践能力，还能提升审美素养和文化自信、培养团队协作精神和社会责任感、激发兴趣潜能等。同时，艺术公益项目还能加强学校与社区的联系，有助于促进双方的共同发展和进步。

2. 有助于提升学生的多元整合能力

首先，艺术公益项目能够促进学生的跨学科整合能力。艺术是一门综合性的学科，它涉及历史、文化、社会、心理等多个领域。通过参与艺术公益项目，学生需要综合运用不同学科的知识和技能来解决实际问题。这种跨学科的整合能力在现代社会中尤为重要，有助于培养学生的综合素质和适应能力。

其次，艺术公益项目能够提高学生的创新整合能力。创新是艺术的核心，也是社会发展的驱动力。通过参与艺术公益项目，学生需要充分发挥自己的创造力和想象力，将不同的艺术元素进行整合和创新。这有助于培养学生的创新思维和创新能力，使学生能够更好地适应未来社会的变化和挑战。

再次，艺术公益项目能够加强学生的情感整合能力。艺术是情感表达的一种方式，通过参与艺术公益项目，学生能够更好地理解自己和他人的情感，提高情感表达和情感沟通能力。这种情感整合能力有助于学生更好地处理人际关系，建立健康的人际关系网络。

最后，艺术公益项目能够强化学生的自我整合能力。参与艺术公益项目需要学生自我驱动、自我管理，这有助于培养学生的自我整合能力。通过自我反思和自我提升，学生能够更好地认识自己、规划自己的人生道路，实现个人价值和社会价值的统一。

可以看出，艺术公益在帮助学生培养多元整合的能力方面具有重要作用。通过参与艺术公益项目，学生能够提高跨学科整合能力、创新整合能力、情感整合能力和自我整合能力，更好地适应未来社会的需求和发展。

3. 有助于丰富学校教育内容，提升教育质量

艺术公益项目可以作为学校教育的有益补充，为学生提供更多元化的发展机会，助力提升基础教育质量。

首先，艺术公益项目能够丰富学校教育的内容和形式。学校教育通常以学术学科为主，注重知识的传授和考试成绩的提升。然而，艺术公益项目能够为学生提供更多元化的学习内容和方式，如音乐、绘画、舞蹈等艺术形式的体验和实践。这些活动能够激发学生的学习兴趣和创造力，培养学生的审美素养和人文精神，为学生的全面发展提供有益的补充。

其次，艺术公益项目能够促进学生的个性化发展。每个学生都有自己的兴趣和特长，而学校教育很难满足每个学生的个性化需求。艺术公益项目可以根据学生的兴趣和特长，提供有针对性的学习机会和资源，帮助学生深入学习和探索自己感兴趣的艺术领域。这种个性化的学习方式有助于激发学生的潜能，培养学生的专业素养，为学生未来的职业发展打下坚实的基础。

再次，艺术公益项目能够改善教育资源分配不均的问题。在一些贫困地区或教育资源匮乏的学校，艺术教育往往无法得到足够的重视和资源。艺术公益项目可以弥补这一缺陷，为这些学校和学生提供免费或低成本的艺术教育资源和培训。通过与专业艺术机构和人士的合作，这些项目能够为学生提供优质的

艺术教育，改善教育资源分配不均的问题，促进教育的公平性和普及性。

最后，艺术公益项目能够提高基础教育的质量和效益。艺术教育不仅是培养学生审美能力和人文素养的重要方式，同时也是促进学生智力发展和社会交往的重要途径。通过参与艺术公益项目，学生可以提高自己的观察力、思维力和创造力，培养解决问题和创新的能力。同时，艺术教育也能够培养学生的合作精神、沟通能力和社会责任感，提高学生的综合素质和社会适应能力。这些能力的提升将直接反映在学生的学习成绩和未来的职业发展中，从而提高基础教育的质量和效益。

综上所述，艺术公益项目作为学校教育的有益补充，为学生提供了多元化的发展机会，助力提升基础教育的资源与质量。通过丰富学习内容、促进个性化发展、改善教育资源分配不均和提高教育质量等方面，艺术公益项目为学生的全面发展和社会进步做出了积极的贡献。

二、特殊教育领域

（一）特殊教育在中国

尽管中国在特殊教育方面取得了一定的成就，但当前中国开展特殊教育的能力与高需求之间仍存在巨大差距。根据最新的统计数据，中国有7050万户残疾家庭，占总户数的17.80%；残疾家庭总人口占总人口的19.98%，其中包括246万学龄残疾儿童。然而，根据教育部发布的《国家教育发展统计公报》，中国仅有2107所特殊教育学校，56000名特殊教育学校全职教师和110800名特殊教育学生，这意味着只有约4%的残疾学龄儿童能够进入特殊学校接受教育。

为了填补这一巨大的空隙，许多公益机构、组织和项目正在发挥积极的作用。他们致力于为残疾儿童提供更多的教育机会和资源，并努力改善教育的公平性和普及性。这些机构和项目通过与政府、学校和其他合作伙伴的相互协作，共同推动特殊教育的改革和发展，以更好地满足学生的需求。因此，尽管中国在特殊教育方面仍面临诸多挑战，但通过政府、学校和社会各界的共同努力，相信这一领域将取得更大的进步和成就。

中国的特殊教育是全球特殊教育领域中不可或缺的一部分。其发展历程可以分为三个主要阶段：起步前、起步和发展。在古代中国，虽然特殊群体的教育没有明确的书面记录，但在《礼记》中提及了对"大病"和被遗弃的孤独之人提供支持，这表明中国有着悠久的关爱和帮助弱势群体的历史。自近代以来，一些有远见的中国人开始关注西方的特殊教育状况。1874年，长老会牧师威廉·穆瑞（William Murray）在北京创办了中国第一所特殊学校，如今被称为北京盲人学校，为盲人提供阅读和音乐教育。在中国特殊教育的发展过程中，艺术教育得到了重视。新中国成立后，特殊教育进入了飞速发展阶段，政府对现有的特殊学校进行了改革，并建立了新的特殊学校。国家进行了大量研究，并制定了特殊教育的政策和目标。这一时期还出现了大规模的相关活动和教师培训计划，推动了特殊教育的普及和发展。随着时间的推移，中国的特殊教育逐渐壮大并取得了显著成就。政府和社会各界对特殊教育的关注和支持不断增加，为残疾儿童和青少年提供了更好的教育机会和资源。未来，中国特殊教育将继续努力，为残疾学生提供更加平等和包容的教育环境，促进他们的全面发展。

中国发展特殊教育遵循的主要方针是尊重、帮助和实现权利平等。党的中央领导集体运用马克思主义的观点，结合全球和中国的残疾人事业实践，提出了一系列重要观点。他们认为，在社会主义国家中，中国应充分尊重残疾人的公民权利和人格尊严，确保他们不受任何形式的歧视。同时，中国还应该为这一特殊且面临挑战的群体提供特别的援助。通过推动残疾人事业的发展，可以使残疾人的权利得到更好的保障，使他们能够平等地参与社会生活、获得平等的机会，并为国家建设做出贡献，同时分享社会物质文化的成果。

在实践层面，中国特殊教育需要儿童的安置主要有两种模式：一种是融入普通教室和班级（LRC）进行学习，另一种是进入特殊学校。中国政府明确规定，各级人民政府必须建立聋哑人和盲人特殊学校，以教育残疾儿童、青少年和成人。这一规定改变了特殊教育的性质，使其从以往的救济和慈善社会福利转变为国民教育的重要组成部分。

自改革开放以来，中国政府颁布了多项法令和解释性政策，以明确特殊教育的性质和管理。1986年颁布的《义务教育法》第9条提出，地方各级政府应为盲、聋、哑、智力障碍的儿童和青少年开设特殊教育学校（班）。1990年的《残疾人保障法》第18条进一步强调，国家保障残疾人受教育的权利，各级政府应当将残疾人教育作为国家教育事业的组成部分，统一规划，加强领导。

1989年，国务院转发了关于特殊教育未来发展的若干观点，指出应将残疾儿童和青少年的教育纳入普及义务教育的轨道。随着地方义务教育的实施，各级教育部门应对残疾儿童和青少年的教育工作进行统一规划、领导、部署和检查。此后，实施残疾儿童和青少年教育发展计划成为检查和评估普及初等教育成效的重要内容之一。

国务院还制定了20世纪90年代初至2017年中国儿童教育发展指导框架，其中包括"根据国务院的规定（1991年），教学研究中心和特殊单位应以普通学校为主体，特殊学校为骨干"。在这一框架下，没有优先考虑全纳教育，而是鼓励特殊学校的发展。学者陈瑾（2014年）[1]和朴永馨（2009年）[2]支持这一框架，认为通过扩大特殊学校的规模，可以迅速提高残疾儿童的入学率，并将其视为普及初等教育进程的一部分。

从中国特殊教育的发展历程来看，普通班和特殊学校是主要的两种教育模式。这两种模式背后的哲学基础是包容与隔离。在特殊学校中，学生能够得到更为集中和专业的教育资源，但可能会面临与主流社会相对隔绝的问题。而在普通班中，学生有机会融入主流社会，但可能面临被忽视或缺乏特殊教育支持的问题。

对于艺术公益的实施来说，这两种模式既带来了机遇也带来了挑战。一方面，特殊学校为艺术公益提供了直接的场所，通过这些场所可以直接接触到特殊学生，为他们提供接受艺术教育的机会。同时，普通班的学生也可以通过参与社区的艺术活动，拓宽视野，提高艺术素养。另一方面，挑战也同样明显。特殊学校可能缺乏足够的资源和设施来开展艺术公益活动，同时普通班的特殊学生也可能难以得到足够的关注和支持。此外，如何让艺术公益活动真正融入特殊学生的日常生活，而不仅只是一项活动或表演，还是一个需要思考的问题。

（二）艺术公益在特殊教育方面的价值

1. 促进教育公平

在特殊教育领域，艺术公益能够为残障、贫困等特殊儿童提供平等接受

---

[1] 陈瑾：《从全纳教育视角探析我国特殊教育师资培养》，《绥化学院学报》2014年第4期。
[2] 朴永馨：《新中国特殊教育的十大变化》，《教育学术月刊》2009年第6期。

艺术教育的机会，促进了教育公平。

首先，艺术公益为贫困及特殊儿童提供了接触和参与艺术教育的机会。由于家庭经济条件的限制，许多贫困儿童可能无法负担高昂的艺术培训费用。而艺术公益项目为这些孩子提供了免费或低成本的艺术教育，让他们能够享受到艺术的乐趣，挖掘出自己的潜力和才华。

其次，艺术公益项目的实施有助于缩小教育资源的不平等分配，促进教育公平。在传统教育体系中，优质的艺术教育资源往往集中在某些地区或学校，而贫困及特殊儿童往往难以获得这些资源。艺术公益项目的开展，使这些孩子也能够享受到优质的艺术教育，提升自己的综合素质和竞争力。

可以说，艺术公益的公益属性在特殊教育领域中发挥了重要的作用。它为贫困及特殊儿童提供了平等接受艺术教育的机会，促进了教育公平的实现。在未来，我们应当继续加大对艺术公益的投入和支持，让更多的孩子受益。同时，我们也需要进一步推动教育公平，确保每一个孩子都能获得平等的教育机会，实现自己的梦想和潜力。

2. 释放情绪、提升自我

艺术公益在特殊教育中的价值，不仅仅在于提供艺术教育机会，更在于它能够帮助特殊儿童通过艺术表达和创作，更好地表达自我、释放情感，并提升自信心和自尊心。

对于许多特殊儿童来说，由于身体、智力或情感上的障碍，他们可能会面临沟通和表达的困难。而艺术，作为一种非语言的表达方式，能够为这些孩子提供一个释放内心世界的途径。无论是舞蹈、绘画、音乐还是其他艺术形式，都能让特殊儿童以自己的方式来表达情感和思想，从而更好地被理解和接纳。艺术公益还为他们提供了一个表达自我、沟通情感的平台，不仅有助于提高他们的社交能力，也有助于增强他们的情感支持系统。

此外，通过艺术创作，特殊儿童也能够提升自信心和自尊心。当他们发现自己能够创造出美丽的作品、表达内心的感受时，他们会感到自豪和有价值。这种自我认可和肯定有助于增强他们的自信心，让他们可以更加积极地面对生活中的挑战。

艺术创作还能够为特殊儿童提供一个宣泄情感的方式。对于一些情绪波动较大的孩子，艺术创作可以成为他们情绪的出口，帮助他们释放内心的压力和焦虑。通过绘画、音乐或其他艺术形式，他们能够将自己的情感投射到作品中，从而获得情感上的平衡和宁静。

综上所述，艺术公益在特殊教育中具有不可替代的价值。它不仅为特殊儿童提供了接触和参与艺术教育的机会，更重要的是，它能够帮助这些孩子通过艺术表达和创作来更好地表达自我、释放情感，并提升自信心和自尊心。

3. 打破偏见、引起社会关注

艺术公益在特殊教育中的介入，对特殊儿童来说意义非凡。它不仅为他们提供了珍贵的教育机会，更是对社会偏见的有力反抗。艺术成为特殊儿童展示自我、表达内心的舞台，让他们可以勇敢地展现自己的才华和情感，打破社会对他们固有的偏见和刻板印象。

同时，艺术公益项目的实施引起了社会的广泛关注，促使越来越多的人开始了解特殊儿童的内心世界。特殊儿童同样拥有丰富的内心世界和无穷的创造力。这激发了社会对特殊群体的兴趣和好奇，促使更多人去了解、关心和支持他们。

此外，艺术公益还促进了社会对特殊群体的包容与接纳。当人们通过艺术作品感受到特殊儿童的内心情感和渴望时，更容易对他们产生共情和理解，这种情感上的共鸣有助于减少对特殊群体的歧视和排斥，促进社会的包容与和谐。

总的来说，艺术公益在特殊教育中的介入有着积极的影响。它不仅为特殊儿童提供了宝贵的教育机会，还为社会与特殊群体之间的相互了解搭建了桥梁。我们应该继续加大对艺术公益的投入和支持，让更多的特殊儿童有机会展示自己的才华，同时也让更多人了解和关心这个特殊的群体。

三、国民教育层面

（一）国民教育在中国

国民教育，也称为"公共教育"，是指国家为本国国民（或公民）实施的学校教育，通常为国家规定的每个公民必须接受的基础教育，即小学和初中教育，有的国家还包括幼儿教育和高等教育。

在中国，国民教育的发展历史可以追溯到1915年，当时国民教育被视为国家的基本教育政策。在中华人民共和国成立后，国民教育得到了进一步的重视和发展。改革开放时期，中国政府加大了对国民教育的投入，并制定了一系列政策和计划，以促进教育公平和提高教育质量。

国民教育的核心价值在于培养爱国主义精神，促进教育公平，提高综合素质，以及传承中华文化。目前，中国的国民教育规模不断扩大，教育质量逐步提高。政府和社会各界也在不断优化教育资源配置，提高教育资源利用率，同时加强与国际的交流与合作，提高教育国际化程度和信息化发展水平。总的来说，中国国民教育在不断发展创新，以满足社会和经济发展的需求,以实现教育公平和提高教育质量为核心目标。[1]

(二)艺术公益在国民教育方面的价值

1. 培养审美能力

艺术公益可以通过多种方式培养学生的审美能力。首先,艺术公益可以提供丰富的艺术资源,让学生有机会接触各种艺术形式和作品,包括绘画、音乐、舞蹈等。通过欣赏和体验这些艺术作品,学生可以逐渐培养出对美的感知和欣赏能力,并在生活中学会寻找艺术、体悟美。

其次,艺术公益可以引导学生进行艺术创作。学生在创作过程中,需要思考如何表达自己的想法和情感,如何运用色彩、线条、构图等艺术元素培养出对美的创造能力和想象力。

再次,艺术公益还可以通过审美鉴赏活动来提高学生的审美能力。在这些活动中,学生需要分析和评价艺术作品,探讨其形式、主题、风格等方面的特点,从而培养出对美的分析和评价能力。

最后,艺术公益还可以通过审美情感教育来培养学生的审美能力。学生在艺术作品欣赏和创作的过程中,可以体验到不同的情感和感受,从而培养出对美的情感体验和感受能力。

可以看出,艺术公益通过提供丰富的艺术资源、引导学生进行艺术创作、开展审美鉴赏活动以及实施审美情感教育等方式,可以有效地培养学生的审美能力,这对于学生的全面发展和个人素质的提升具有重要意义。

---

[1] 参见秦秋霞《国民教育和公民教育关系之辩——兼论公民教育的时代价值》,《教育科学研究》2014年第11期。

2.激发创造力和想象力

艺术公益在国民教育中的价值是多方面的，在激发创造力和想象力方面也扮演着重要的角色。通过提供丰富的艺术资源和创作机会，艺术公益能够引导学生接触和体验各种艺术形式，培养他们对美的感知、欣赏和创造能力。爱因斯坦曾说："想象力比知识更重要，因为知识是有限的，而想象力概括着世界的一切，推动着进步，并且是知识进化的源泉。"陶行知先生也强调："处处是创造之地，天天是创造之时，人人是创造之人。"艺术公益活动正是实现这一教育目标的有效途径。它为学生提供了一个实践和探索的平台，让他们在艺术创作中突破传统的思维框架，发挥想象力和创造力。

对于祖国未来的建设来说，培养国民的想象力和创造力具有深远的意义。在当今快速发展的全球化时代，创新是国家和社会发展的重要驱动力。通过艺术公益活动，我们可以培养出更多具有创新精神和创造力的人才，为国家的科技进步、文化繁荣和社会发展做出贡献。因此，我们应该重视艺术公益在国民教育中的作用，为学生提供更多接触和参与艺术公益活动的机会，激发他们的创造力和想象力，为祖国的未来建设注入新的活力和动力。

总的来说，艺术公益有助于传播积极的思想价值观，弘扬民族优秀文化传统。通过举办各类艺术展览、演出和文化活动，艺术公益能够激发民众对传统文化的兴趣和认同感、弘扬爱国主义精神。同时，艺术公益还能够传递正能量、倡导社会和谐、引导公众树立正确的思想价值观。

四、促进社会公平方面

艺术公益在促进社会公平方面发挥着不可替代的重要价值。它不仅是一种慈善行为，更是一种深入人心、连接心灵的公益力量。通过为弱势群体提供艺术教育和服务，艺术公益能够有效地缩小教育资源差距，使更多人有机会接触和了解艺术，提升社会的整体文化素养。

在城乡发展不平衡的背景下，艺术公益项目可以发挥关键作用。许多乡村地区的居民由于地理位置和资源限制，难以接触到高质量的艺术教育和文化活动。而艺术公益项目能够走进这些乡村地区，为当地居民提供艺术体验和培训机会，让他们感受到艺术的魅力和价值。这不仅能够丰富他们的精神生活、提高审美能力和创造力，还能促进城乡文化的交流与融合，缩小城乡文化差距。

此外，艺术公益还能够通过各种形式的活动和服务，为弱势群体提供更多的展示平台和机会。比如，为残障人士提供艺术表演的机会，让他们展示自己的才华和创造力；为贫困地区的儿童提供艺术教育，培养他们的想象力和创造力，让他们在艺术的道路上勇敢追求自己的梦想。

综上所述，艺术公益在促进社会公平方面具有多方面的价值和意义。它不仅能够缩小教育资源差距，提升社会整体文化素养，还能促进城乡文化的交流与融合，为弱势群体提供更多的展示机会和平台。因此，我们应该更加重视和倡导艺术公益事业，鼓励更多的人参与到艺术公益活动中，共同创造一个更加公平、和谐、美好的社会。

五、艺术自身的发展

艺术公益对艺术发展具有深远而积极的影响。它不仅为艺术家和艺术组织提供了宝贵的资金和平台支持，还为艺术的传承与创新注入了新的活力和动力。

首先，艺术公益通过支持艺术家和艺术组织的创作与活动，为艺术的繁荣和发展提供了重要的资金支持。这种支持可以是物质上的，如提供资金、设备和材料等，也可以是精神上的，如鼓励、认可和传播艺术家的作品和理念。这种支持对于艺术家来说是至关重要的，它可以帮助他们克服物质困难，实现自己的艺术追求，从而推动艺术的创新与发展。

其次，艺术公益为艺术的传承与创新提供了平台支持。这种平台可以是展览、演出、比赛和培训等形式。通过这些平台，艺术家和艺术组织可以展示自己的作品和才华，与观众进行交流和互动，从而扩大艺术的影响力和受众基础。同时，这些平台也为艺术家和艺术组织提供了学习和交流的机会，促进了艺术界的交流与合作。

此外，艺术公益项目还能够吸引更多人关注和参与艺术活动。这些项目通常具有社会性和公益性，能够引起社会的广泛关注和参与。通过参与这些项目，人们可以更深入地了解艺术的价值和魅力，培养自己的审美观念和文化素养。同时，这些项目也为艺术家和艺术组织提供了展示自己才华的机会，促进了艺术的普及与发展。

综上所述，艺术公益对艺术发展具有多方面的积极影响。它为艺术的繁荣和创新提供了资金和平台支持，扩大了艺术的影响力和受众基础，促进了艺术的普及与发展。因此，我们应该更加重视和支持艺术公益事业的发展，鼓励更多的人参与到艺术公益活动中来，共同推动艺术的繁荣与发展。

第四章 艺术公益人访谈

一、"美与人性的使者"——邰丽华与《千手观音》

邰丽华，中国女舞蹈家、艺术家，中国残疾人艺术团团长、中国特殊艺术协会副主席。

两岁失聪的她，自强不息，以独特方式创造艺术，15岁成为中国残疾人艺术团的领舞演员，28岁成为艺术总监，塑造了特殊艺术经典《我的梦》。她领舞的《千手观音》，在2004年雅典残奥会上震撼世界，在2005年春节联欢晚会上感动国人；她创编并主演的精缩舞剧《化蝶》轰动联合国教科文组织总部。她带领艺术团开展大量公益慈善活动和义演，并设立"我的梦"和谐基金，为四川地震灾区、左权革命老区、国际慈善项目等捐款。

图 4-1　邰丽华与《千手观音》

她以艺术与心灵之美赢得人们的广泛赞誉，被誉为"美与人性的使者"，被世界残疾人代表大会称为"全球六亿残疾人的形象大使"，被联合国机构指定为"联合国教科文组织和平艺术家"，获得"中国青年五四奖章"，被授予全国劳动模范、全国自强模范、巾帼建功先进个人等荣誉称号。

她是一个舞者，上天赐予她感动所有人的舞姿，但却夺走了她感受声音的权利。她就是邰丽华——中国残疾人艺术团团长。

（一）作为青年舞蹈家

记者：是什么契机让您选择舞蹈，成为一名舞者？

邰丽华（下简称"邰"）：在我的幼年时期，最早接触的是律动课，那时并不是非常专业的舞蹈。这种特教学校的美育形式让我对舞蹈产生了浓厚的兴趣。尤其是当我发现自己的身体条件适合跳舞时，鼓点的震动让我体验到了节奏的触感，这种觉醒让我对舞蹈产生了真正的兴趣。随着年龄的增长，我对舞蹈的热爱持续升温，直到15岁时进入艺术团，开始了正规的舞蹈训练。

记者：舞蹈对于您而言意味着什么？

邰：舞蹈对我而言，是灵魂的释放和情感的表达。它让我能够以一种独特的方式与世界交流，无论是在舞台上还是在生活中。每当我听到音乐，我都能感受到那种强烈的节奏感，仿佛与宇宙之间有着某种神秘的连接。舞蹈不仅让我体验到身体的自由，更让我感受到内心的平和与喜悦。

记者：《千手观音》是一部受世界广泛关注的伟大作品，对于听力障碍人群而言，完成舞蹈有怎样的挑战和益处？

邰：对于我们听力障碍者来说，《千手观音》的舞蹈确实是一次巨大的挑战。因为听不到音乐，在节奏和旋律的把握上难度极大。但正是这种挑战，让我们更加专注于身体的感受和音乐的流动，努力用其他方式弥补生理的缺陷。在排练过程中，老师会对节奏和旋律进行切割、解释、剥离，帮助我们更好地理解和展现舞蹈。这种经历不仅锻炼了我们的身体协调性，也提升了我们的自信心和自尊心。

记者：您认为舞蹈对于社会公益而言有着怎样的作用和意义？

邰：在经济快速发展的今天，人们的精神需求日益增长，艺术表达的丰富性变得尤为重要。舞蹈作为一种美育方面的身体运动，不仅能让群众享受精神愉悦，还能传播正能量、激励精神。例如，建党100周年红色舞剧——《党的儿女》和《江姐》，这些作品不仅可以让观众欣赏到优美的舞蹈，还能通过舞台展现精神激励和文化普及。更重要的是，这些作品对青少年的世界观、人生观、价值观的形成具有积极的鞭策作用。虽然从事舞蹈事业的人们可能面临艰苦的训练，但他们的付出是观众无法用金钱来衡量的，这种无形资产和信仰通过肢体展现的软实力将对受众产生深远的影响。

（二）作为中国残疾人艺术团团长

记者：您可以简要介绍一下您的艺术团吗？

邰：我们的艺术团是一个多元化的团队，成员包括不同年龄、不同残疾种类与残疾程度不同的团员。目前有62位聋人舞蹈演员、13位盲人声部成员以及17位初中学员。这些学员正在接受基础知识和专业训练。我们的教师团队具备一专多能的特点，他们不仅在生活上管理学员，还负责创作，同时他们也拥有中国戏曲学院或首师大社会招考的背景。教师们以无限的包容心和理解力与学员们交流，帮助他们快速融入团队。值得一提的是，3个月内，我们便能实现与聋人舞蹈演员手语交流。在盲人和聋人舞蹈演员的互相补充下，团队呈现出一种特殊的和谐。

记者：您认为在残疾人艺术的发展里程中，舞蹈有多大的比重和重要性？

邰：在过去的34年中，舞蹈在残疾人艺术中扮演了重要的角色。舞蹈演员人数是团里演员总数中最多的。舞蹈作为一种综合性的艺术形式，其表现力极强，能产生强烈的视觉、听觉和心灵共鸣。对于有不同生理障碍的人来说，舞蹈虽然有着不同的挑战，但正是这些挑战促使他们不断追求艺术的极致。

记者： 舞蹈对于公益性事业而言，其特殊性和重要性体现在哪些方面？

邰： 舞蹈在公益事业中具有独特的意义和重要性。从国家的宏观角度看，"十四五"规划强调了繁荣发展文化事业和提高国家软实力的重要性。这其中，舞蹈作为文化的一部分，通过满足基层文化生活的需求，成为连接国家与人民的桥梁。舞蹈不仅在舞台上展示，更走进了社区、学校等各个场合，让老百姓都能感受到艺术的魅力。舞蹈以其独特的魅力润物细无声地渗透到人们的生活中，成为人们欢愉的源泉和幸福的载体。无论是斯卡拉殿堂的专业演出，还是贵州山区的脱贫攻坚活动，"共享芬芳和共赴小康"的精神都贯穿其中。对于我们而言，上百场的演出可能只是日常工作的一部分，但对于大山里的百姓来说，可能是他们一辈子难得的体验。除了物质上的帮扶，我们通过艺术为他们送去精神上的食粮，让更多人感受到艺术的魅力和力量。

（三）作为残疾人舞蹈事业的重要推动者

记者： 您认为残疾人的力量对于舞蹈事业有着怎样的推动意义？反之，舞蹈是否也从某种程度上帮助到了残疾人群体？

邰： 每个人都是这个星球上独一无二的个体，无论是否残疾，都是人类大家庭中平等的成员。残疾人同样拥有自己的价值和实现自我价值的权利。他们并不是不幸，只是经历了一些与众不同的挑战。当然，他们需要付出比常人更多的努力和汗水，但最终的果实也会更加甜美。

在舞蹈事业中，残疾人的力量是不可忽视的。许多优秀的残疾人舞蹈演员通过自己的努力和才华，为舞蹈事业做出了巨大的贡献。他们的作品不仅富有创意，而且具有强烈的感染力和号召力，激励着更多的人去追求梦想。

同时，舞蹈也为残疾人提供了一个展示自我和释放内心的平台。通过舞蹈，他们能够更好地融入社会，建立自信心和幸福感。舞蹈的力量不仅仅在舞台的表演上，更在于它所传递出的积极信息和正能量能够鼓舞和激励身边的人，让更多人认识到残疾人的价值。

记者：您对未来的研究和创作计划有什么具体的想法？

邰：由于疫情的影响，我们团队演出受到了很大的限制。但这也给我们提供了一个机会，让我们能够静下心来思考未来的方向和计划。

我们打算更加深入地扎根于人民之中，从生活中汲取创作的灵感。我们希望通过与团员的交流，了解他们的生活和故事，将这些宝贵的素材融入我们的作品中。我们希望创作出更多以人为本、能够触动人心的作品。我们将注重手语的运用，通过手舞的方式去表达和传递情感。同时，我们也将继续秉持对孩子负责的态度，为他们提供更好的教育和成长环境。

记者：您认为中国舞蹈公益事业应该走向何处？

邰：中国舞蹈有着悠久的历史和广泛的群众基础，尤其是少数民族的舞蹈素材非常丰富。随着时代的发展，舞蹈已经从高雅的舞台走进了社区、公园、街道甚至乡间地头，成为老百姓身边不可或缺的精神食粮。

我认为，中国舞蹈公益事业应该始终坚守"为人民服务"的初心。无论是在城市还是乡村，无论是在学校还是社区，舞蹈都应该成为连接人们心灵的桥梁，满足大家对美好生活的向往和追求。我们要不断开拓创新，传承和发展各种民族舞蹈文化，让它们在新的时代背景下焕发出更加绚丽的光彩。同时，我们也要注重培养舞蹈人才，尤其是关注残疾人和弱势群体的孩子，为他们提供更多的机会和平台去展示自己的才华。我们希望通过舞蹈的力量去感染和启迪更多的人，传递正能量和温暖。在未来的发展中，我们期待中国舞蹈公益事业能够走向更加广阔的舞台，成为世界文化交流的重要力量之一。

（四）总结

记者： 回顾我们所讨论的内容，你认为舞蹈对社会公益最重要的价值是？请用一个关键词或一句话说明。

邰： 以美育人，以美化人，让每个人的生命更加美丽。

二、"泥腿子舞蹈家"——关於与彩云计划

关於是北京舞蹈学院的芭蕾舞教师。自2016年起，关於和妻子张萍来到云南省砚山县者腊乡夸溪村委会那夺村（小组）实施"彩云计划"，教授偏远农村的孩子学习舞蹈。五年间，他们帮助了62名少数民族孩子到昆明的艺术院校学习。孩子们会称呼关於夫妇为"阿爸""阿美"，那是彝语里对"爸爸妈妈"最亲密的称呼。

图 4-2　张萍、关於与彩云计划的同学们

（一）作为舞蹈家、教育家

记者：您为何选择舞蹈，成为一名舞者、师者？

关於（下简称"关"）：坦诚地说，对于我来说舞蹈就是安身立命之本。

记者：是什么契机让您将目光投射到农村的孩子？

关：中国农村距离艺术教育有多远？我说是 275 千米。只要我扛得住这 275 千米，那我就完成了至少从一个点上的突破。

我第一次让芭蕾走入农村，是在河北安新县端村。有一个非常有名的绘本作者，来自美国的埃米扬，她有一套系列《大脚丫学芭蕾》绘本，是一个很励志的故事。后来这个人听说一个中国的芭蕾舞老师，居然在中国农村腹地、冀中平原，教芭蕾舞，她就从美国来了。我说我可以领你去北京舞蹈学院看我的职业芭蕾，她说我就是要看你在农村教的芭蕾。

在 2017 年，我有幸获得了央视颁发的十大"三农"人物奖。这个奖衰隆平先生也曾经获得过，这让我深感荣幸。这个奖项对于搞舞蹈的人来说可能比较陌生。但对我来说，这个奖项的意义非常重大。"三农"，指的是农民、农村和农业。我国有 6000 万左右的农村留守儿童，然而，这些孩子在接受严肃艺术教育方面却面临着重重困难。这也许是我微不足道的一点贡献。我可能是舞蹈界中最直接接触"三农"问题的人。我深知，6000 万这个数字背后所代表的农村留守儿童，他们无法像城市的孩子一样享受到优质的教育资源，尤其是艺术教育。我在农村实践多年，但遗憾的是，我并没有看到农村有系统的艺术教育。

作为一个在高校执教 30 年的教师，我深感我们这样一个以农业为主的国家和民族，如何对待农村教育是一个非常重要的问题。我想强调的是，艺术家的责任是扶助弱势群体，以履行自己的社会责任和义务。我们不应该只关注世界一流、国际水准这样的目标，而是应该关注那些被忽视的群体，如 6000 万农村孩子。如今我已经过了追求物质的年龄，在绿水青山之间，我发现了我真正追求的东西。我希望能通过自己的努力，为这些农村孩子带去艺术的力量和美好，让他们也能享受到艺术的滋养。

记者：可否对"舞蹈公益"下个定义？您认为舞蹈对于社会公益而言有着怎样的作用和意义？

关："舞蹈公益"就是扶助弱势群体，给孩子们一束光，他们就会向光而生，作为师者，能多帮一个多帮一个，能多做一点就多做一点。

我参与拍摄了一部纪录片《小小少年：那夺云》，讲述的是一个在猪肉铺里学芭蕾舞的女孩的故事。这部纪录片社会反响很大，让我更加坚定了用艺术去改变命运的信念。委内瑞拉的一群艺术家通过教授音乐，帮助那些生活在街头的孩子远离枪战和毒品，最终这些孩子组成了交响乐团，用易拉罐等日常物品制作出弦乐、打击乐、管乐等乐器，他们的命运因此得到了改变。这就是艺术的救赎。

从 2017 年起，6 年接续不断地挑选壮族、苗族、彝族、瑶族、傣族的 90 个具备专业身体素质的彩云孩子，考取昆明市艺术学校、云南艺术学院附属艺术学校、云南文化艺术职业学院附中、四川艺术职业学院附中等中专院校。其中，2021 年首届毕业生中，已有 4 人考上大学，包括中央民族大学、云南艺术学院、云南省艺术职业学院，1 人考入云南省歌舞剧院。这是彩云计划公益志愿服务中心的志愿者共同努力完成的结果。我们最大的心愿，是希望有更多的人参与到这个公益事业中来，让艺术教育在我国农村得到普及，让每一个孩子都有机会接触和体验艺术的美好。

（二）作为"彩云计划"的发起人之一

记者："彩云计划"创立的目标是什么？

关："实现中华民族伟大复兴的中国梦"，这是习近平总书记提出的宏伟目标，我从事乡村艺术教育以来，在脑海当中挥之不去的就是"中国乡村文艺复兴"致敬我国历久弥新的传统艺术，致敬各个民族灿若星辰的非遗文化，致敬我国先贤各美其美、美美与共的人文精神，我们有千种理由、万般信心，为"中国乡村文艺复兴"而努力奋斗。

记者： 您可以简要介绍一下"彩云计划"的覆盖范围吗？

关： "彩云计划"以那夺村为发源地，惠及云南文山州 1 市 5 镇 7 乡 29 校 33 村 90 个孩子，核心成员 30 人，辐射人员 500 多，自创建以来，彩云计划在不给任何酬劳的情况下，志愿者心甘情愿、任劳任怨地为乡村文化建设，为乡村的孩子去工作，我们追求公益应当有精神、文人应当有风骨，成则兼济天下、不成则独善其身。我们提出四个必须，即自己携带授课装备、自己解决交通住宿、自己解决吃喝、不许给老百姓添负担。

图 4-3 关於与女孩在梯田共舞

（三）作为舞蹈公益事业的重要推动者

记者： 您认为舞蹈对公益有着怎样的推动意义？反之，公益是否也从某种程度上帮助到了舞蹈艺术的发展？

关： 旷野山谷，我们在大自然的教室里跳舞，没有灯光，我们有明媚的阳光；没有布景，远处是层层的梯田，构成了无比美妙的画卷。我站在村口，放着柴可夫斯基的音乐，孩子们穿上节日的盛装、扶着毛竹做的把杆认真练舞时，我一下就找到了艺术的源泉，天人合一、浑然天成。我们渐渐地意识到：我们把艺术带回到了它生成的地方。

图 4-4　在山间的彩云计划

记者： 您认为中国舞蹈公益事业应该走向何处？

关： 中国是一个农业大国，开展乡村美育是中国艺术教育、舞蹈公益事业的重要发展方向，特别是边远山区孩子的艺术教育。

（四）总结

记者： 回顾我们所讨论的内容，您认为舞蹈对社会公益最重要的价值是？请用一个关键词或一句话说明。

关： 认知美、感受美，用最虔诚的心，传播对美的感动。

三、"天使的微笑"——公益伴行者白岩松

白岩松，央视著名主持人，现任中央电视台《新闻1+1》节目评论员、《新闻周刊》节目主持人、中国红十字会副会长（兼）、中国青年志愿者协会副会长（兼）。2018年3月，任政协第十三届全国委员会人口资源环境委员会委员。2018年享受国务院政府特殊津贴。

白岩松不仅以其犀利的观点和深入浅出的解读赢得了业界的认可和广大观众的喜爱，还因其对公益事业的积极投入和倡导而备受赞誉。中国文学艺术基金会刘岩文艺专项基金的公益项目——"天使的微笑"自开办以来，白岩松便成为坚定的支持者和参与者。他每一次都会出席该项目的相关活动，用实际行动表达了对艺术公益事业的热爱和支持。

在陪伴中国文学艺术基金会刘岩文艺专项基金"天使的微笑"公益项目

图 4-5　白岩松（左）、刘岩（右）在第八届"天使的微笑"发布会

成长的过程中，白岩松感慨艺术在公益事业中的巨大潜力。以下是他在第九届"天使的微笑"公益项目发布会上所发表的讲话实录：

> 刘岩在公众面前开始致力于公益事业，这一晃已经过去了15个年头。那一年，刘岩18岁，但今天我认为她实际上是"15岁"。这并不是因为我数学不好，而是我深深认为，2009年是刘岩人生中第二次"站起来"的重要时刻。如果从那次重新站立的节点算起，那么今年她

自然就是"15岁"了。

在刘岩受伤之后，不到一年的时间，她就勇敢地站在了公益活动的现场，我们都在场见证了这一刻。当她眼中开始有了别人的身影，她就真的站起来了。因此，我说刘岩15岁，这并非谬误。

今年，当我再次来到这里，我发现作品可能没有我想象中的那么多，但这恰恰意味着他们的活动范围在扩大，参与的人数在增多。往年都是孩子们的照片，今天我看到了更多老人的照片，还有画作。看到众多老人的照片，我深感其意义远超照片本身所展现的活动。过去的一年里，刘岩和她的学生们以及整个团队，都积极投身于与老人的互动中，共同跳舞，分享快乐。这使我突然想到，或许我们可以为这一活动赋予一个新的名字——从第九届开始，我们可以称之为"天使微笑"，这个名字既包含了孝的意涵，也强调了孝道的重要性。

孝道中的"孝"字，实际上是由"老"字和"子"字组合而成，寓意着孩子与老人的紧密联系。在一个家庭中，既有孩子的欢声笑语，也有老人的智慧与经验。通过刘岩和她的团队的努力，我们更加深刻地理解和践行这一传统美德，让孝道在我们的日常生活中得到体现和传承。

另外让我深感震撼的是，那些老人的照片中洋溢出的灿烂笑容。今天，许多叔叔阿姨们也亲临了现场，这让我意识到，可能并不是刘岩和他的学生们在互动过程中教会了老人跳舞，而是舞蹈本身就存在于每个人的内心深处，只是需要一个机会和动力去激活它。这种发现让我对舞蹈和人性有了更深的理解，也让我对老人们的活力与热情感到由衷的敬佩。

在与参与活动的北京舞蹈学院学生志愿者相处时，刘岩表达了感谢，但我觉得这声"谢谢"其实不必过于强调。因为这些孩子们来到我们身边参与公益活动，并非单纯的付出，这本身就是教育的重要组成部分。他们非常幸运地拥有了教育所带来的额外收获，即爱的力量。他们的到来，不仅让许多老人和孩子感受到了这股力量，还在这个过程中相互支持、互相影响。这种文字结构般的相互支撑，需要彼此间的引进与融合。因此，我深信所有的学生在这个过程中得到的，往往比他们付出的还要多。

所以，我们更应对那些被帮助的人表达感激，因为这些孩子和老人给了我们这个机会，让我们的爱得以释放，让我们感受到自己的价值和力量。这确实是一个极好的互动过程，让每个人都从中受益。

我要特别祝贺今年整个活动的升级，以及基金会成功转变为公募基金会。然而，这一转变也意味着责任的加重，因为公募基金会承载着更多的期望和信任，因此我们必须更加努力，做得更好。对于明年，我充满了期待。我相信会有一个更加引人注目的展览等待着大家，虽然我现在还无法想象具体会是怎样的盛况，但我相信，无论是从规模、内容还是影响力上，都将是一个全新的高度。我期待着看到基金会在未来一年里继续拓展和深化其公益项目，为更多人带来希望和帮助。

最后，我特别想说，作为电视行业的同行，我也是第一次踏入凤凰中心，这里举办刘岩的第九届"天使的微笑"活动真的是非常合适。凤凰涅槃，象征着希望与未来，我也期待着未来能在这里举办更多让人期待的活动。

我深信，最重要的期待就是看到越来越多的受益者。舞蹈，它比我们想象的还要更直接、更有力量。它能触动人心，传递情感，让更多的人感受到这份美好。因此，我希望通过我们的努力，能够激活每个人内心深处的舞蹈性格，让更多的人愿意舞动身体，享受舞蹈带来的快乐与自由。

当舞蹈与身体相融合时，我们能够更好地表达自己，释放内心的压力，感受生命的活力。让我们一起努力，让舞蹈成为连接人与人之间的桥梁，让更多的人在舞蹈中找到自我，感受生命的美好。

图 4-6　白岩松在第九届"天使的微笑"发布会

第五章 艺术公益策划

一、艺术公益策划的思考

在前面的章节中，我们讨论了"艺术公益"的概念，公益可以有很多主题，而艺术公益则是在跨界合作的基础上突出艺术主题，从而解决社会问题。本教材主要面向的群体是青年，尤其是艺术（舞蹈）专业的青年学生。因此，在撰写一份具有可执行性的艺术公益项目策划书之前，我们需要思考以下几个问题：

1. 我的艺术专业知识与社会人群有何联系？
2. 如何将艺术专业知识或专业技能融入到普通人的日常生活？
3. 为什么必须由我来做这个项目？我做这个项目是否可被替代？

这三个问题引导我们深入思考自己的艺术专业在社会人群中的存在形式，以及这些专业知识如何以公益的形式为整个社会服务。通常，社会大众与舞蹈的联系可分为两种类型：主动接触和被动接受。在公益活动中的服务对象也可以基本分为健康人士和残障人士两种。基于以上两种分类情况，我们应该思考：什么样的活动内容和形式能够使不同的人群激发出他们基于身体和超越身体的心理愉悦体验？这些思考将引导我们撰写一份基于我们发起艺术公益活动人自身的特点，以及和社会大众具有紧密联系的艺术公益项目策划书。

二、艺术公益项目策划步骤

公益项目策划是一个复杂的过程，需要考虑到许多因素，包括目标受众、项目目标、预算、执行计划、评估方法等。以下是一个公益项目策划的几个关键步骤：

1. 明确目标受众

在进行艺术公益项目的策划与实施过程中，你需要首先确立一个明确的目标受众群体。这个群体可以是特定年龄段的儿童、青少年或老年人，也可以是根据性别划分的男性和女性，还可以是处于不同社会经济层次的工人、白领或企业家等。此外，还可以是有特定需求的人群，如残障人士、少数民族群体等。了解并明确这些人群的特点，有助于更好地定位你的艺术公益项目，使其更具有针对性和实效性。

同时，你还需要深入分析你自身和你的团队的特点和优势。这包括你的专业背景、技能特长、兴趣爱好，以及团队成员之间的关系、合作模式等。了解这些，可以帮助你在艺术公益项目中发挥出最大的优势，提高项目的执行效率和质量。

此外，你还需要考虑如何将你的特点和优势与目标受众的需求相结合，以达到艺术公益项目的最佳效果。这可能需要你在项目中扮演不同的角色，如组织者、策划者、执行者等，同时也需要你在项目实施过程中不断地进行调整和优化。

总之，明确艺术公益项目的目标受众和自身优势，是确保项目成功的重要前提。只有做到了这一点，你才能在艺术公益的道路上走得更远，为更多的人带来美好的艺术体验和改变。

2. 确定项目目标

你需要对你的艺术公益项目有一个清晰而明确的定位，弄清楚你究竟想要通过这个项目达到一个什么样的效果。这可能包括提高公众对某些问题的认识和了解，提供相关的服务，或是致力于解决某些社会问题。当然，你的目标也可以是综合性的，包括以上几个方面。但无论你的目标是什么，它都必须是具体而明确的，这样才能对其进行有效的衡量和评估。同时，这个目标也应该是可以实现的，避免过于空泛和遥远，否则将难以调动资源和激发参与者的积极性。

3. 制定预算

编制预算的重要基础是在第一步和第二步明确项目范围目标受众和项目目标。这有助于确定项目所需资源和成本，并为后续的预算编制提供依据。同时，需要考虑项目从策划—实施—评估全环节的所有费用，主要包括人力资源成本、物质资源成本、外部服务成本。人力资源成本包括项目团队的工资、福利、培训等费用。物质资源成本主要涉及项目中需要的物资、设备、场地租赁、运输等费用。对于外部服务成本，包括外包或委托给外部机构或个人的服务费用，如顾问费、咨询费等。具体预算细目的费用额度，这可能需要你进行一些市场调研以了解相关成本。

4. 制订执行计划

这一份规划将详尽地指导项目的实施过程。从活动的时间节点安排到人员的具体分工，从物资的采购到媒体的宣传发布，无一不包。这样的规划旨在确保项目能够有序进行，同时也预设了各种可能出现的情况，并为此制定了相应的应对策略，以期能够应对项目实施过程中可能出现的各种问题，保证项目的顺利进行。

5. 选定评估方法

评估艺术公益项目的完成程度的方法主要包括项目目标达成度评估、项目影响力评估、项目过程评估、项目可持续性评估。根据资助方的评估要求，选定一种或几种评估方法。这将帮助你了解项目的效果，以及获得如何改进未来项目的经验。

6. 考虑合作伙伴

寻找可能愿意支持你的项目的组织或个人。合作伙伴一个是资金支持方，这可能包括其他公益组织、政府机构、企业或者个人捐助者。另一个则是在该项目中的团队成员，以及若干志愿者。

7. 申请资助或赞助

根据项目的需要，尝试申请政府补助、企业赞助或其他形式的资金支持。青年学生可以在学校平台上，寻找可以资助你活动或项目的部门。如各个高校中大多都有"大学生暑期实践活动"等项目。

8. 制订宣传计划

设计一种贯穿于项目开始前、进行中、结束后的宣传计划。可以从以下几个方面进行构思：宣传目标设定、宣传策略规划、宣传内容制作和宣传效果评估与调整。

9. 执行项目

按照计划执行项目，并根据实际情况作适当调整以确保项目顺利完成。

10.评估和反馈

在项目结束后，将依照项目伊始精心策划并商定的评估方案，细致入微地进行成效评估。这包括对项目实施过程中的每一个环节进行深入的反思与评判，广泛收集参与者和受益群体的心得反馈，以及社会各界人士的意见和建议。通过这种广泛的反馈收集，以期全面而准确地掌握项目的实际影响和成效。

接下来，将对这些反馈信息进行系统的整理和分析，从中提炼出项目的亮点和存在的不足。在此过程中，项目团队应认真总结经验教训，深入探讨项目中值得肯定的做法以及需要改进的地方，以便于对未来可能组织和参与类似项目提供参考和借鉴。

三、艺术公益项目计划书

在制订项目计划前有几个要点需要特别注意：

1.项目目标明确。首先，我们要明确一点：项目目标就是我们的导航星，指引我们前进的方向。那么，我们设计的活动和服务是否都成为了这颗导航星的忠实追随者呢？它们是否都在为这个共同的目标而努力呢？接下来我们通过几个设问来深入思考一下这个问题。

设问一：我们的活动和服务是否与项目目标紧密相连？

当我们回顾我们的计划时，我们是否能够清晰地看到每一个活动都是如何与项目目标紧密相连的？我们是否能够自信地说，这些活动不仅仅是为了做而做，而是因为它们确实能够帮助我们实现项目目标？

设问二：我们的活动是否有助于实现项目目标？

我们设计的活动是否真的考虑到了项目目标的实现？我们是否能够确保每一个活动都能够为项目目标的实现做出贡献？我们是否能够通过这些活

动，让参与者更加深入地理解我们的项目目标，并共同为之努力？

设问三：我们是否已经纳入了所有有助于实现项目目标的内容？

在制订计划时，我们是否已经充分考虑了所有可能有助于实现项目目标的因素？我们是否已经将这些因素纳入了我们的计划中，确保我们的计划是一个全面、系统的方案？

综上所述，我们在设计活动和服务时，必须时刻牢记项目目标，确保每一个活动都是为实现项目目标而设计的。我们要不断地反思和审视自己的计划，确保它们是紧密围绕项目目标展开的。

2. 项目计划详细。项目计划书必须得认真对待，不能马虎。我们的计划书，是不是做得够细致、够具体呢？

第一，我们的项目计划书是否过于粗略和笼统？

想象一下，如果我们拿到一个计划书，结果里面的内容都是泛泛而谈，没有具体到每个活动的细节，那这计划书能行吗？能帮我们真正把项目做好吗？

第二，我们的每个活动环节的具体内容是否清晰呈现？

我们的计划书里，是不是把每个活动的内容都讲得清清楚楚，让人一看就明白这个活动是做什么的，有什么目标，怎么去做？比如，我们这场艺术展览，到底是想展示哪些艺术作品？有没有什么特定的主题或者理念？

第三，时间安排是否合理明确？

我们的计划书里，是不是把活动的时间安排得井井有条，让参与者一眼就能看到活动的具体日期和时间？比如说，这场艺术沙龙，到底是哪天举办？几点开始？持续多久？

第四，地点选择是否恰当明了？

我们的计划书里，是不是把活动的地点定得明明白白，让大家一目了然地知道去哪儿参加活动？比如，社区艺术工作坊，具体是在哪个地方举办？

是在社区中心，还是在学校，或者是艺术馆？

项目计划书做到精细、具体，这样我们的项目才能有条不紊地进行，才能真正做出成效。所以，我们在做计划书时，一定要细心、认真，确保每个活动的细节都考虑周全，做到心中有数。

3.制订具有可操作性的计划。你在制订计划的时候，有没有仔细想过，我们到底有没有实施这个项目的条件和资源呢？

第一，我们是否充分考虑了项目实施的条件？

想想看，我们做这个项目，需要的前提条件都有哪些？比如，政策环境怎么样？市场情况如何？还有，我们的合作伙伴是否都已经准备好了？这些条件如果没满足，项目能顺利进行吗？

第二，我们的资源准备是否充足？

再来想一想，我们手头上的资源，是不是足够用来完成这个项目？比如说，资金到位了吗？人员配备够不够？如果这些资源还有缺口，应该怎么办？是不是需要及时想办法补充，确保项目的进度和质量？

总而言之，制订项目计划并不是件轻松的事情。我们需要把眼睛擦亮，脑子转快，才能把项目计划做得既实用又有效。所以，在动手之前，需要先把这些条件和资源的问题都弄明白。

在明确一个艺术公益项目策划步骤后，就可着手写一份计划书，下面将结合项目策划书内的要素，以刘岩文艺专项基金品牌公益项目"天使的微笑"为例进行具体阐述。

项目名称："天使的微笑"儿童公益摄影展

关于项目名称的选取，它是项目形象的重要标识。一个优秀的项目名称，应当简洁明了地揭示项目的核心职责，以实用性为主导，避免过度追求文学性。在命名过程中，我们应当坚持以下几点原则：

1. 项目名称应简洁明了，便于记忆与传播；

2. 项目名称应准确反映项目的主要职责和目标，让人一目了然；

3. 项目名称应以实用性为主，避免过于花哨和抽象，确保易于理解和接受；

4. 项目名称应避免矫揉造作，力求表达清晰，重点突出，不引起歧义或误解。

总之，项目名称的选取需谨慎对待，严格遵循上述原则，以确保项目名称能够准确、清晰地传达项目的核心价值和职责，为项目的顺利推进和成功实施奠定良好基础。同时，一个优秀的项目名称应当具备持久性，能够在五年甚至更长时间内无须更改，同时能准确表达此艺术公益项目的核心理念。尤其是有计划开展系列艺术公益项目的打算时，一旦确定了项目名称，就应尽量避免多次调整和更改，因为改名会引发该项目品牌价值的流失，使原本已有一定认知度的品牌重新被大众认识。比如"天使的微笑"这一品牌项目迄今已有十余年，在至今的九届摄影展中一直使用这一项目名称，同时也可以在项目名称中感受到此项目传达的理念——温暖和爱。

那么，在确立项目名称的过程中，是否存在一套既定且应遵循的规范或标准？我在此分享一个项目名称的参考模板：象征词（如"天使的微笑"）+ 对象[①]（如"儿童"）+ 服务形式（如"公益摄影展"）。

项目发起人：刘岩　　项目负责人：尚思乔

这一部分的内容也可根据项目实际情况更改，比如在学校中以小组为单位进行组织，项目就可以以团队进行呈现，如"项目（申请）团队"，具体

---

① 这里的对象根据不同活动进行调整，示例项目的服务形式是摄影展，因此在项目标题中的对象指的是摄影展中图像中关注的对象，但此次活动面向的人群则是全社会。

人员的姓名可以根据参与度和贡献率依次排列（见表 5–1）。

表 5-1 "天使的微笑"儿童公益摄影展策划案

一、项目基本信息				
项目名称	"天使的微笑"儿童公益摄影展 项目名称起码应包含两个核心要素：服务对象与项目内容。明确传达项目的受益主体和具体实施方向，使资助方或课程指导教师能够清晰地了解项目目标	项目周期	2023 年 9—12 月 在填写项目起止日期时，若具备明确的起始和结束时间，请据此进行填写。例如，若项目周期为 2023 年 1 月 1 日至 2023 年 12 月 31 日，则按此范围填写。若项目周期未确定，项目自合同签订之日起（如有资助方），为期一年，以确保在规定时间内完成。但在学校课程内制定项目时，可以暂时确定至月份
项目实施地点	凤凰中心 在选择实施地点时需要综合实施者、服务对象、参与者和资助方等多方的实际需求综合考量		
项目服务对象	孤残儿童 应尽量避免使用宽泛的表述，而是应当实施更为详尽且细致的划分。在特定情况下，我们应当在服务对象的描述前添加恰当的定语，以此精准界定服务对象，进而确保我们的项目具有高度的针对性和准确性	项目领域	艺术
项目预算 （人民币：元）	必须量化，是准确的数额。比如 5 万元，还需在附件中列出项目预算明细		
项目简介（500 字以内）			
中国文学艺术基金会刘岩文艺专项基金于 2010 年 3 月中旬成立，以青年舞蹈家、北京舞蹈学院教授刘岩的名字命名。品牌项目"天使的微笑"公益摄影展自 2011 年创立起，通过多种渠道、多种形式募集资金，在社会各界爱心人士、企业家、教育家等的支持和帮助下，为孤残儿童提供学习舞蹈及其他艺术的机会，用艺术的形式向全社会发声，呼吁更多人加入帮助孤残儿童的公益事业			

（续表）

十二年间，"天使的微笑"项目坚持幸福公益的理念，展示特殊儿童生活中绽放的美好瞬间，呈现孩子们天真、可爱的一面。在唤醒社会对于孤残儿童关注的同时，也将正能量传递给更多人。项目曾先后关注到聋哑、罕见病（SMA）、自闭症等特殊儿童群体，以公益摄影展、公益艺术沙龙、儿童轻舞剧、现代童话舞剧等形式助力特殊孩子用艺术点亮梦想，愿每个孩子都能用自己的翅膀飞翔！

简介内容要基本涵盖以下几个关键问题：
1. 解决哪些社会问题？本项目的核心目标旨在推动艺术的普及，同时减轻孤残儿童所遭遇的种种困境。
2. 服务对象是谁？对于本项目而言，其服务的对象以孤残儿童为主。
3. 满足服务对象哪方面的需求？本项目的主要目标是提高这些孩子们的生活质量，确保他们能够在艺术美育浸润的环境中成长与发展。
4. 项目总体目标和实施方式是什么？本项目是希望通过如摄影展、舞蹈艺术教育活动、摄影沙龙等一系列活动和实践，让更多的人开始关注并关心孤残儿童这一社会弱势群体，唤起社会的关爱与责任。

二、项目团队介绍

1. 项目负责人信息

姓名		职务	
电子邮件		手机	
联系地址			
学历及专业		性别	
实施同类项目经历（300字以内）			

2. 其他团队成员信息

姓名	性别	学历及专业	项目分工	联系电话

（续表）

三、项目详细信息	
1. 项目背景	
立项依据	舞蹈艺术在我国拥有着悠久的历史和深厚的文化底蕴，可以追溯到远古时代，是中华民族文化传承的重要载体。自古以来，舞蹈艺术就承载着我们的民族精神和文化传统，通过各种舞蹈形式表现了我国人民的情感、信仰和价值观。进入现代社会，舞蹈艺术依然保持着旺盛的生命力，以其独特的表现形式成为人们沟通交流的桥梁。无论是在舞台上的表演，还是在街头巷尾的即兴舞蹈，舞蹈艺术都能够让人们感受到身体与心灵的自由表达，带来愉悦和感动。舞蹈艺术不仅是一种艺术形式，更是一种生活态度，它所蕴含的丰富情感和动态美感能够触动舞者和观众的心灵，从而在审美体验中得到心灵的抚慰与疗愈。中国有超过 8000 万残障人士，其中约十分之一是少年儿童，接触舞蹈艺术的机会更是十分有限。为了弥补这一缺憾，我国政府积极倡导并推动舞蹈艺术公益项目的实施，以期让更多处于弱势群体的孤残儿童能够感受到舞蹈艺术的魅力，培养他们的艺术素养，为他们的成长注入活力。 项目阐述应明确阐述其在该项目领域的独特优势、项目设立的初衷及旨在解决的社会问题
服务对象描述	孤残儿童（特殊儿童）160 人，老年人 16 人。 本项目积极搭建平台，致力于为孩子们提供更多接触和了解舞蹈艺术的机会，以品牌影响力去帮助孩子们健康成长、关注他们的心灵健康，让更多人了解他们、关爱他们，通过艺术形式去改善他们的生活。同时，联结更多社会各界爱心人士和组织，开拓更多有影响力的公益活动，给弱势群体带来更多关注，同时为社会人士打通多元化的爱心渠道，培养他们的艺术素养。 为确保项目目标明确，服务对象的界定应避免过于宽泛。通常情况下，一个项目应专注于一个特定的服务对象。比如，"天使的微笑"公益摄影展一直致力于关注孤残儿童（特殊儿童），但在 2023 年第九届中还加入了"长者"这一服务对象
申报可行性	十二年间，"天使的微笑"公益项目已经成功举办过九届向公众免费开放的摄影展，并获得大众好评，拥有丰富的摄影展举办经验。本次巡展的场地——北京新世界酒店，曾支持 2021 年"刘岩文艺专项基金高兴小志愿者团队"的世界地球日环保倡议活动，对公益事业有价值认同及合作基础。因此中国文学艺术基金会刘岩文艺专项基金和执行场地具备开展"第九届'天使的微笑'公益摄影展巡展"的各种条件。 这一部分可以从项目执行可行性及软件、硬件等实施保障条件进行说明

（续表）

2.项目方案		
项目目标	目标1	第九届"天使的微笑"公益摄影展（时间：2023年9月15—29日，地点：凤凰中心，内容：刘岩文艺专项基金资助的16名66岁到91岁的长者与听力障碍儿童在舞动中绽放的笑容）
	目标2	第九届"天使的微笑"公益摄影展巡展（时间：2023年11—12月，地点：北京新世界酒店，内容：刘岩文艺专项基金资助的16名66岁到91岁的长者与听力障碍儿童在舞动中绽放的笑容）
	目标3	舞蹈疗愈公益沙龙（时间：2023年11—12月，地点：北京新世界酒店，内容：刘岩文艺专项基金资助的16名66岁到91岁的长者与听力障碍儿童）
	……	需要概括说明项目成果内容，如展览项目：在××时间、××地点，举办××内容的展览，展期、展品数量、参与艺术家等内容
评估指标		
具体目标的评估指标或关键词 对应上述具体目标的评估指标或关键词，比如第一个目标是第九届"天使的微笑"公益摄影展，评估指标可以是"展出作品数量"		实施后该指标预计可达到的水平 比如"参展作品100幅"
……		
项目实施计划		
阶段性起止时间		项目分阶段实施内容

（续表）

2023年9月	第九届"天使的微笑"公益摄影展在北京凤凰中心开幕	
2023年9—10月	策划巡展内容、沟通场地	
2023年11月	巡展布展及开幕，邀约媒体宣传	
2023年12月	邀请摄影作品中的老人与刘岩文艺专项基金高兴小志愿者团队参与舞蹈疗愈公益沙龙	
……	在制订项目实施计划时，务必紧密围绕项目目标展开。对于与项目目标实现密切相关的工作环节或服务内容，应予以充分体现；反之，与项目目标无关的活动和服务则无须纳入计划之中。同时可以根据项目的周期制订分阶段的计划	
项目创新性	"天使的微笑"公益项目已经成功举办过八届向公众免费开放的摄影展，展出的作品内容有这些孩子们的日常生活和舞蹈的瞬间，并获得大众好评。第九届"天使的微笑"公益摄影展在继续秉承如上使命的同时，也将带来新亮点、新变化。2023年，刘岩文艺专项基金将目光扩展至生命的维度，第一次关注儿童以外的群体。在以舞蹈滋养儿童的成长外，也用舞蹈陪伴长者的身心。 首先，要分析本项目与同类项目的区别及独特性；其次，创新的核心在于满足需求，致力于提升服务对象的满意度；最后，创新包括但不限于服务的改进、市场拓展、组织架构的调整，以及资源获取途径的更新等	
风险与不确定性因素	定于2023年11月20日布展，23日开幕。暂未确认撤展日期，约为2023年12月底。 需要分析项目执行中可能遇到的突发情况和预设方案	
可持续性	被服务对象对本项目实施过程中的舞蹈艺术课程仍然有较大需求。 分析本项目在项目期结束后可持续运作的可能性。可持续的条件是被服务对象仍有需求，以及参与者有想要再次参加活动的愿望和需求	
项目经费预算明细（详见附件）		
项目经费预算应纳入项目计划书之中，也可单独成文，与项目计划书一并提交		

四、艺术公益项目计划书的意义

艺术公益项目计划书是确保项目顺利开展和达成目标的蓝图，它不仅详细阐述了项目的内容和预期成果，其作用还体现在以下几个方面。

（一）提升社会影响力

通过艺术公益项目计划书，可以让更多的人关注、了解并且最终能参与艺术公益事业，进而提升项目的影响力。艺术作为一种超越国界和时代界限的普遍表达，其深刻的社会魅力是不言而喻的。将艺术与公益相结合，可以有效提升公益项目在传播过程中的吸引力，从而显著增加项目的影响力。

（二）丰富公益项目内容

艺术公益项目计划书为公益活动注入了艺术元素，使得公益项目内容更加丰富多样。在艺术公益活动中，艺术可以是欣赏、可以是表演、可以是创作，还可以是教育。将各种不同的艺术形式通过多种不同的途径融入到公益项目中，大大提高了公益项目的审美性、互动性、创造性以及趣味性，能够让服务对象和参与者在享受艺术过程中感受到公益的价值。

（三）提高公益项目的实施效果

艺术公益项目计划书有助于提高公益项目的实施效果。艺术具有独特的表达力和感染力，能够深入人心。通过艺术形式，可以让公益项目的理念更加深入人心，使参与者更容易接受和理解项目的目的。此外，艺术公益项目计划书还可以帮助项目实施者更好地评估项目的成效，从而不断优化项目内容，提高项目的实施效果。

（四）促进跨界合作

艺术公益项目计划书有助于促进两个领域的进一步融合和合作。艺术与公益的结合，可以吸引来自不同领域的人才和资源共同参与项目。这种跨界的合作模式不仅能够为项目注入创新的理念与方法，更能够增强项目的社会影响力，从而实现公益目标的最优化效果。

（五）培养社会责任感

参与艺术公益项目，对于个人和社会都有着积极的意义。对于参与者而言，艺术公益项目计划书提供了一个了解社会、回馈社会的机会。通过参与项目，人们可以增强自己的社会责任感，培养乐于助人的品质。对于社会而言，艺术公益项目计划书的实施有助于提高社会的和谐度，促进人与人之间的关爱与互助。

（六）推动文化传承与创新

艺术公益项目计划书有助于推动文化传承与创新。公益项目可以围绕我国传统文化艺术展开，让更多人了解、传承并创新传统文化。通过艺术公益项目，可以激发人们对传统文化的热爱，培养新一代对传统文化的传承与发展，从而使传统文化在当代焕发出新的生命力。

综上所述，艺术公益项目计划书具有重要的意义。它不仅可以为一个公益项目提供明确的方向和目标，还可以提升项目的影响力、丰富项目内容、提高实施效果、促进跨界合作、培养社会责任感以及推动文化传承与创新。因此，在开展艺术公益项目时，撰写一份详细、切实可行的项目计划书至关重要。

第六章 艺术公益传播

舞蹈公益的传播，通过舞蹈这一艺术形式传递公益理念，借助媒介的力量唤起社会大众对公益事业的关注和参与度。舞蹈是一种具有独特魅力的艺术形式，它能够以丰富的身体语言和情感表达，连接人与人的心灵，引发观众的共鸣和情感投入。在舞蹈公益的传播中，舞蹈作为一种宣传和教育的工具，以形象、生动的方式传递公益信息，增强公众对公益事业的认识和理解。

舞蹈公益的传播有多种形式，包括舞蹈表演、舞蹈艺术疗愈工作坊、舞蹈影像等。这些形式可以针对不同的受众群体，以多样化的方式传递公益信息。例如，舞蹈表演可以吸引广大观众的关注，通过舞台上的表演者展示各种舞姿和情感表达，传递公益理念；舞蹈艺术疗愈工作坊则可以为参与者提供一个亲身参与舞蹈和公益活动的机会，通过实践加深对公益事业的认识和理解；舞蹈影像展示则可以通过舞蹈影像的记录和传播，跨越地域的局限，通过网络和新媒介更高效地让更多人了解和关注公益事业。

舞蹈公益的传播不仅有助于提高公众对公益事业的认识和参与度，还能促进社会的和谐与进步。它通过舞蹈的艺术魅力，激发公众的爱心和公益心，强化社会的互助与关怀。同时，舞蹈公益的传播也有助于提升舞蹈艺术的社会影响力，促进舞蹈艺术的普及和发展。

在未来，随着社会对文化艺术的重视和对公益事业的关注度的不断提高，舞蹈公益的传播将会更加广泛和深入。我们期待更多的艺术家和公益人士能够携手合作，通过舞蹈这一独特的艺术形式，为推动社会进步和发展贡献自己的力量。

一、媒介发展史与公益传播史

（一）媒介发展

1. 媒介发展史

媒介发展史可以追溯到人类社会的初期。在早期，人类通过口头传播、肢体语言等方式进行信息交流。随后，随着文字的发明和纸的普及，书面传播成为主要传播方式。同时，印刷术的发明也推动了报纸、书籍等纸质媒介的发展。

进入近现代以来，随着科技的进步和媒体的兴起，媒介形式不断多样化。19世纪初，随着电报和电话的发明，电信号传播成为新的传播方式。20世纪初，广播和电视等视听媒介的出现，使人类可以接收到更加直观和生动的信息。

同时，互联网的发明和普及也推动了新媒体的发展。互联网作为一个全球性的信息交流平台，使信息传播的速度和范围大大提高。随着社交媒体和移动设备的普及，人们可以通过手机、平板等设备随时随地获取和分享信息。

总的来说，媒介发展史是一个不断演变和创新的过程。新的媒介形式的出现并不意味着旧媒介的消亡，而是新旧媒介在竞争中相互促进和发展。同时，每种媒介都有其独特的优点和局限性，需要结合具体情境和受众需求进行选择和应用。

2. 当下的媒介发展特点与表征[①]

当下新媒介传播围绕媒介融合、用户生成内容（UGC）的关键词展开，同时也表现在即时性、多元化和包容性等方面。这些特点使得新媒介在信息传播上具有更大的优势和潜力，对传统媒体也产生了巨大的冲击和影响。

（1）媒介融合

随着技术的不断进步和媒体的不断发展，不同媒介之间的融合变得越来越普遍。例如，报纸和电视节目现在可以通过互联网进行传播，而社交媒体和新闻网站也可以通过移动设备进行访问。这种融合使得信息传播更加便捷和高效。媒体融合让多种媒介形成一个信息传播的综合体系，将文本、音频、视频等多种媒介形式自由组合起来，使信息更全面、更立体、更丰富。这种多媒体特性打破了视觉媒介、声音媒介、纸质文字媒介之间的壁垒，使各种社会信息的传播与接受更加形象化、直观化和审美化。表现形式多样的同时，我们获取和发布的内容也变得无限海量，这得益于互联网技术的发展。与传统的报纸、广播和电视等媒体相比，新媒介不受版面限制、时间播出限制等影响，信息内容的传播更加流畅、自由和丰富（见表6-1）。

---

① 参见刘俊《同源・分流・汇合：技术与艺术联动发展的三个阶段——兼及传媒艺术史的视角》，《现代传播（中国传媒大学学报）》2024年第1期。

表 6-1 多媒体融合与传统媒体在传播特点方面的异同

特点	多媒体融合	传统媒介
传播形式	文本、图片、音频、视频等多种形式	文本、图片、音频、视频等单一形式
传播效率	高，信息传递速度快，覆盖面广	低，信息传递速度慢，覆盖面有限
互动性	强，受众可以参与信息传播和交流	弱，受众只能被动接受信息
信息内容	丰富多样，可以根据受众需求定制信息	有限，信息内容相对固定，缺乏个性化和定制化

此表简要地概括了多媒体融合与传统媒介在多个方面的区别。可以看出，多媒体融合具有多种优势，能够更好地满足现代受众的需求。随着新媒介技术的不断发展，多媒体融合将成为当下及未来信息传播的主要趋势之一。

值得注意的是，传统（单一）媒介的传播与多媒体融合传播模式相比，还存在信息控制权和受众参与度的差异。在传统媒介中，信息传播的控制权是集中的。媒体机构如报纸、广播和电视等拥有对信息的选择、编辑和发布的绝对控制权。这些机构决定哪些信息可以传播，哪些信息应忽略，以及如何呈现这些信息。受众通常只能被动地接受这些经过筛选和加工的信息。而在新媒体时代，信息控制权在一定程度上分散了。新媒体平台如社交媒体、博客、视频分享网站等可以使个体和组织自主发布和传播信息。受众不仅可以接收信息，还可以成为信息的发布者，参与到信息的生产与传播过程中。这种去中心化的信息传播方式使得信息控制权不再完全掌握在少数媒体机构手中。

传统媒体时代，受众的参与度相对较低。他们主要是信息的接受者，很少有机会参与到信息的生产与传播过程中。媒体机构与受众之间的互动非常有限，通常只限于反馈和调查。而在新媒体时代，受众的参与度得到了显著提高。社交媒体、论坛、博客等平台为受众提供了分享、评论、转发信息的渠道。受众可以就某一话题发表自己的观点，与其他网友互动交流，形成了一个更加广泛和立体的传播网络。这种高度的互动性和参与感使得信息传播更加活跃和多元化。总的来说，新媒体时代的信息控制权和受众参与度与传统媒体相比发生了很大的变化，这种变化使得信息传播更加开放和多元，互动性也得到极大提高，也使得受众在信息传播中的角色变得更加重要和主动。

（2）用户生成内容（UGC）

UGC 是"User Generated Content"的缩写，中文可译作"用户原创内容"。用户生成内容（UGC）指的是由用户创建和分享的内容，包括文字、图片、音频、视频等各种形式。在互联网时代，UGC 已经成为一种重要的信息传播方式，许多社交媒体平台如论坛、博客等都鼓励用户积极参与内容的创作和分享。

UGC 的概念最早起源于互联网领域，即用户将自己原创的内容通过互联网平台进行展示或者提供给其他用户。UGC 是伴随着以提倡个性化为主要特点的 Web2.0 概念兴起的，它并不是某一种具体的业务，而是一种用户使用互联网的新方式，即由原来的以下载为主变成下载和上传并重。UGC 模式的出现使得网友不再只是观众，而是成为互联网内容的生产者和供应者，体验式互联网服务更深入地进行。

UGC 的特点在于其多样性、互动性和共享性。用户可以根据自己的兴趣和需求，自由地表达自己的观点、分享自己的经验和知识。同时，通过与其他用户的互动，可以形成广泛的交流和讨论，进一步丰富和拓展了内容。此外，UGC 还具有去中心化的特点，这使得信息的传播不再局限于传统的媒体机构，而是分散到了广大用户中。UGC 的应用范围也非常广泛。例如，在社交媒体上分享个人生活、在论坛上讨论某个话题、在视频分享网站上上传自己的创作等，都是 UGC 的表现形式。UGC 不仅为个体提供了表达自我和交流的平台，也为企业和组织提供了与目标受众互动和品牌建设的渠道。

随着互联网的普及和社交媒体的发展，UGC 已经成为现代媒介发展的重要趋势，它改变了传统媒体的信息控制模式，使得信息的生产和传播更加开放和多元，互动性也更强。人们可以通过社交媒体平台和其他互联网工具发布自己的照片、视频、文章等信息，增强了传播的互动性与参与度，也为传播、助力艺术公益提供了机遇与可能。

（3）即时性、多元化和包容性

益于互联网和移动通信技术的快速发展，信息传播的速度大大加快。人们可以通过社交媒体等多种平台即时了解和分享各种信息。使用智能手机或移动媒体终端，只要按按鼠标、敲敲键盘或按键即可即时将信息发布出去，信息的传播以几何级倍数扩散，很快就能传遍世界各地。这种即时性使得信息能够在第一时间传播出去，甚至能实现信息的"零时差"。

新媒介时代的"零时差"还体现在"直播"领域。作为新媒介传播中重要的一环，它能够实现信息的即时传播，提供互动性和参与感，涵盖多元化的内容，采用了创新性的传播方式。直播作为一种新的信息传播方式，在推动公益事业方面具有巨大的潜力和影响力。通过直播平台，人们可以更加便捷地参与到公益活动中，为需要帮助的人或地区提供支持和帮助。同时，直播也可以提高公众对公益事业的关注度和参与度，助力推动社会公益事业的发展。

传播的多元化和包容性体现在传播主体、传播形式、传播渠道、受众参与度、传播内容和传播目标的多元化等方面。这些多元化的表现形式能够满足不同用户的需求、促进信息的交流和传播、推动社会的进步和发展。同时，这种多元化和包容性也反映了社会的多样性和包容性，有助于促进社会的和谐与发展。

具体来说，在新媒介时代，传播的主体不再局限于传统的媒体机构，个人、组织、企业等各种类型的主体都可以成为信息的传播者。这种多元化的传播主体使得信息来源更加广泛，内容更加丰富多样。新媒介传播的形式包括文字、图片、音频、视频等多种形式，可以根据不同的传播需求和受众特点选择合适的传播形式。这种多元化的传播形式能够满足不同用户的需求，提高信息传播的效果。新媒介传播可以通过各种新媒体平台进行传播，如社交媒体、在线直播、博客、论坛等。这些多元化的传播渠道使得信息能够覆盖更广泛的受众，提高信息的传播范围和影响力。在新媒介传播中，受众不再是被动的信息接受者，而是可以参与到信息的传播过程中，表达自己的观点和看法。这种多元化的受众参与方式能够促进信息的交流和传播，提高信息的互动性和参与感。新媒介传播涵盖了各种类型的内容，如娱乐、体育、新闻等。这种多元化的内容能够满足不同用户的需求，吸引更广泛的受众。同时，这种内容多元化也反映了社会文化的多样性和包容性。新媒介传播的目标不仅是传递信息，还可以是提供娱乐、服务、教育等。这种多元化的传播目标能够满足不同用户的需求，还能提高信息传播的效果和社会影响力。

（二）公益传播

1. 公益传播史

公益传播的历史是不断发展变化的，随着技术的进步和社会的发展，公益传播的形式和渠道也在不断变化和创新。总的来说，公益传播史可以被大体分为三个阶段——起步期、发展期、国际化期。

"公益传播"在被正式提出前，学界已经开始对公益宣传、社会公益传播、公益广告、公益营销等领域进行研究和探索。现代意义上的"公益传播"或"公益宣传"是大众传播时代的产物。早期的公益传播可以追溯到古代，当时的社会组织、宗教团体和慈善机构就开始通过各种方式进行公益传播，如救助弱势群体、宣传慈善理念。早期的公益传播带有强烈的地域限制，例如，佛教的"施粥"、基督教的"慈善厨房"等。"在大众媒介出现前，不论是西方基督教传教士开办的慈善救济会，还是中国明清时期民办官监的慈善机构，其目的均为'造福一方'，观念传播范围有限，体现出明显的地域性特色。"[1]（见表6-2）。

表6-2 公益传播史

阶段	时间	特点
起步期	古代、近代	媒体开始意识到公益事业的力量，创办宣传公益事业的刊物和栏目；传统媒体开始关注公益事业，通过报道和宣传推动社会公益事业的发展；但起步期的公益媒体发展进程较为艰难，规模较小，影响力有限
发展期	20世纪90年代后	公益媒体的数量和影响力开始大幅增长；一些专门从事公益报道的媒体机构相继成立，并通过网络平台扩大传播范围，提高宣传效果；传统媒体也加大了对公益事业的报道力度，产生了一些重要的公益事件和故事，产生了广泛的社会影响
国际化期	如今	公益传播的国际化趋势越来越明显，许多国际性的公益组织在全球范围内开展公益活动，通过跨国合作等方式推动全球公益事业的发展

随着印刷术的发明和报纸的普及，公益传播逐渐发展壮大。一些慈善组

---

[1] 夏佳鑫、杨为方：《什么是公益传播——数字传播时代的公益传播概念研究》，《广告大观（理论版）》2020年第4期。

织开始通过报纸宣传慈善理念，并呼吁社会各界人士参与慈善活动。随着电视、互联网等新媒体的出现，公益传播的形式和渠道越来越多样化。各种公益广告、公益活动、网络募捐等不断涌现，吸引了越来越多的人关注和参与公益事业。

进入全球互联时代，公益传播也逐渐走向国际化。国际公益组织、跨国公司、政府和非政府组织等都开始在全球范围内开展公益活动，推动全球公益事业的发展。进入新阶段的公益传播涉及跨国合作和国际交流，成为推动全球公益事业发展的重要力量。

二、艺术公益在传播中的特点和优势

（一）艺术公益在传播中的特点与优势

艺术和公益在某些方面是相通的。艺术是一种表现人类情感、思想、价值观的重要方式，它可以带给人们美的享受，可以激发人们的想象力、思考能力和创造力。而公益则是一种以公共利益为目标的行动，旨在帮助弱势群体改善社会环境和提高社会福祉。艺术可以通过其独特的表达方式来传递公益的理念，如关注弱势群体的权益、环境保护、文化遗产保护等。同时，公益也可以借助艺术的形式来传递信息和引起共鸣，从而更好地实现其目标。

曾任北京画院院长的王明明曾说："艺术只有走上公益化才能达到一种精神境界的升华。"[1] 当艺术走上公益化时，它不仅仅是一种表现形式，更是一种社会责任和担当，这种转变可以让艺术更加贴近现实、更加深入人心，

---

[1] 杨祖茹：《王明明：艺术公益化之路》（https://m-news.artron.net/20110722/n179281.html）。

从而提升其精神境界。艺术通过与公益相结合，可以更好地发挥其社会价值，为社会进步和发展做出更大的贡献。此外，艺术公益化还可以促进艺术家和公众之间的互动和交流，让更多人参与到公益事业中来。这种互动和参与可以增强社会的凝聚力和向心力，推动社会文明的进步和发展。所以说，艺术与公益的结合是双向奔赴、相互促进、彼此成长。

首先，艺术可以通过公益的方式为社会做出贡献。例如，许多艺术家通过自己的作品为公益事业筹款，或者参与到社会问题中为弱势群体发声。这些行为不仅有助于解决社会问题，同时也提升了艺术的境界和意义。此外，艺术也可以通过公益化的方式提升自己的价值和意义。例如，一些企业或组织通过赞助艺术家的创作活动，或者支持艺术机构的发展，来推动艺术的发展和普及。这些行为不仅有助于提升企业的社会形象，同时也为艺术家和艺术机构提供了支持和帮助。

其次，公益也可以借助艺术的形式来传递自己的理念和价值。例如，一些公益组织通过举办艺术展览、音乐会等方式来筹款或者宣传自己的理念。这些活动不仅可以吸引更多人关注和参与到公益事业中，同时也为艺术家提供了展示自己才华的平台。此外，一些艺术家也通过自己的作品来表达对社会问题的关注和思考，从而为公益事业提供支持和帮助。

综上所述，艺术与公益的结合是双向奔赴、相互促进的。通过相互支持和合作，艺术和公益可以共同发挥出更大的力量和作用，为社会做出更多的贡献。

（二）各艺术门类在公益传播中的特点和优势

1. 舞蹈为媒介的公益行动在传播中具有的特点和优势

第一，舞蹈具有很强的感染力强。舞蹈是一种具有独特魅力的艺术形式，能够以生动的舞姿和丰富的情感表达，触动人们的心灵、引发共鸣。通过舞蹈传递公益信息，可以增强公众对公益事业的认识和理解。

第二，舞蹈具有社交功能。舞蹈是一种社交活动，可以让人们聚在一起，分享彼此的情感和体验。在公益活动中，舞蹈可以作为一种纽带，让参与者之间建立联系和互动，增强公益活动的凝聚力和向心力。

第三，舞蹈具有多元化的表现形式。舞蹈有着丰富的表现形式，可以针对不同的受众群体，以多样化的方式传递公益信息。例如，舞蹈表演可以吸引广大观众的关注，舞蹈工作坊可以为参与者提供一个亲身参与舞蹈和公益活动的机会。

第四，舞蹈普及性很高。舞蹈是一种普及的艺术形式，不受年龄、性别、文化背景等因素的限制。通过舞蹈传递公益信息，可以让更多人了解和关注公益事业，提高公众的参与度。

第五，舞蹈具有很高的艺术价值。舞蹈是一种高雅的艺术形式，具有独特的艺术价值。通过舞蹈传递公益信息，不仅可以增强公众对公益事业的认识和理解，还可以提升舞蹈艺术的社会影响力，促进舞蹈艺术的普及和发展。

总之，以舞蹈为媒介的公益行动具有很强的感染力、社交功能、多元化表现形式、普及性和艺术价值，可以在传播中发挥重要作用，让更多人了解和关注公益事业，为推动社会进步和发展贡献力量。

2. 音乐为媒介的公益行动在传播中具有的特点和优势

首先，音乐具有跨越文化和语言障碍的特性。作为一种全球性的艺术形式，音乐能够触动人们的心灵、引起共鸣。通过音乐，我们可以向不同背景的人们传递共同的情感和价值观，使得公益行动的影响力更加广泛。

其次，音乐具有强烈的感染力。它能唤起人们的情感，激发人们的共鸣和参与感。一首感人的歌曲或一场震撼的音乐演出，能够吸引大量观众，使他们在情感上与公益行动产生共鸣，从而更加积极地参与其中。

此外，音乐还可以通过各种形式进行传播，如现场演出、数字媒体、音乐视频等。这些多元化的传播方式使得音乐公益行动能够覆盖更广泛的目标群体，提高传播效果。

综上所述，音乐作为媒介的公益行动在传播中具有跨越文化障碍、强烈的感染力和多元化的传播方式等特点和优势。这些特点使得音乐成为一种非常有效的公益行动传播工具，能够更好地触动人们的心灵，激发他们的参与热情，从而推动社会公益事业的发展。

3. 美术为媒介的公益行动在传播中具有的特点和优势

首先，美术作品具有直观性，能够直接呈现公益行动的主题和目的，使观众迅速理解并产生共鸣。一幅画作往往能够以最直接的方式传递信息，将公益行动的理念和目标清晰地展现给观众，引起他们的关注和认同。

其次，美术作品能够触动人们的内心，引发情感共鸣。通过画面、色彩、线条等元素，美术作品能够细腻地表达情感，触动人们的内心深处。一幅描绘贫困地区孩子上学的油画、一幅反映环保主题的立体画，都能引发人们的共鸣，促使他们关注和参与公益行动。

此外，美术作品还具有多样化的传播方式。除了传统的画展、摄影展等形式，美术作品还可以通过明信片、海报等传播媒介广泛传播。这使得美术公益行动能够覆盖更广泛的目标群体，提高传播效果。同时，通过社交媒体等数字化渠道的传播，美术作品的传播范围和影响力得以进一步扩大。

更重要的是，美术公益行动不仅关注社会问题，还能培养人们的审美意识和文化素养。通过欣赏美术作品，人们可以提高自己的审美能力和文化素养，更好地理解和关注社会公益问题。艺术的力量能够触动人的心灵，引发深层的思考和情感共鸣，促使人们积极投身公益事业。

综上所述，美术作为媒介的公益行动在传播中具有直观性、情感表达、多样化的传播方式和培养审美意识等特点和优势。这些特点使美术成为一种非常有效的公益行动传播工具，能够更好地触动人们的心灵，引发共鸣，推动社会公益事业的发展。

4. 戏剧为媒介的公益行动在传播中具有的特点和优势

首先，戏剧作为叙事艺术，能够通过故事情节和角色塑造吸引观众的注意力。通过讲述感人至深的故事，戏剧可以引发观众的情感共鸣，使他们更加认同和支持公益行动。这种情感共鸣能够激发人们的参与意愿，促使他们积极投身于公益事业。

其次，戏剧具有直观性和视觉冲击力。丰富的舞台表现形式，如灯光、布景、服装和道具等，能够创造出强烈的视觉效果，吸引观众的眼球。这种直观的表现形式有助于观众更深刻地理解公益行动的主题和目的，产生更直接的共鸣。通过视觉元素的呈现，戏剧能够将公益行动的核心理念和价值观传达给观众，引导他们关注和参与公益事业。

此外，戏剧具有多元化和包容性的特点。它可以涵盖各种题材和主题，包括社会问题、人权保护、环境保护等。通过多样化的戏剧作品，公益行动能够触及更广泛的目标群体，引起更多人的关注和参与。这种多元化的表达方式能够满足不同群体的需求和兴趣，增强公益行动的影响力和传播效果。

戏剧作为一种集体艺术形式，能够促进社交互动和社区凝聚。观剧活动、戏剧工作坊等形式为社区居民提供了交流和互动的平台，有助于增强社区凝聚力和归属感。通过共同参与戏剧活动，人们能够相互了解、互相支持，形成良好的社区氛围。这种社交互动能够促进公益行动的传播和推广，使更多人参与到公益事业中来。

另外，戏剧不仅是一种娱乐形式，更是一种教育工具。通过戏剧作品，人们可以了解历史、文化和社会问题，提高自己的认知水平和思考能力。戏剧公益行动可以作为教育平台，培养公众的公益意识和文化素养。通过观看戏剧作品，人们可以深入思考社会问题，认识到自己的责任和义务，积极参与到公益行动中来。

综上所述，戏剧为媒介的公益行动在传播中具有故事性、情感共鸣、直观性、多元化和包容性、社交互动和社区凝聚、教育和文化传承等特点和优势。这些特点使戏剧成为一种非常有效的公益行动传播工具，能够更好地触动人们的心灵、引发共鸣，推动社会公益事业的发展。

第七章 国际艺术公益

一、全球 14 个国家 32 位舞者隔空接力——以美和爱为纽带的全球互联

2020 年，全球 14 个国家 32 位舞者隔空接力，热舞芭蕾《天鹅》。当时全球各地的一批大提琴手接力，隔空演奏圣桑的名曲《天鹅》，给因新冠疫情而不得不居家隔离的全球网友带来了暖暖的爱意，表达了人类同命运、共呼吸、抗疫必胜的信念。现在全世界也有一群热心的芭蕾舞者，同样在全球各地的家中隔空接力，独自跳起芭蕾舞《天鹅》（配曲也是圣桑的名曲《天鹅》）。

这些世界顶尖的芭蕾舞演员不但用优美的舞姿来抚慰人们受伤的心灵，更希望通过这次名为"天鹅救济"（Swans For Relief）的公益活动募集善款，用于支援那些因为受到疫情影响而无法工作的舞者们。

据发起这个网络公益活动的美国芭蕾舞剧院的首席舞蹈演员米斯蒂·科普兰（Misty Copeland）和舞蹈演员约瑟夫·菲利普斯（Joseph Phillips）透露，来自 14 个国家（包括中国、南非、法国、墨西哥在内）的 22 家舞蹈公司（团体）的 32 位芭蕾舞演员参加了芭蕾舞《天鹅》独舞的网络接力。

图 7-1　隔空接力《天鹅》网络视频截图

　　全球 14 个国家的 32 位芭蕾舞者，他们虽然身处各地，却以舞蹈为桥梁，进行了一场跨越国界的接力。他们共同演绎的《天鹅》，不仅为全球观众带来了美的享受，也传递了一种力量，那就是人类在困难时期团结一致、共同抗击疫情的信念。

　　这个公益活动不仅仅是一场舞蹈表演。它更是一个连接世界的纽带，让不同文化、不同国家的人们能够通过艺术相互理解、相互支持。这场活动旨在为那些因疫情而无法工作的舞者筹集善款，为他们提供经济援助，展现了艺术界在困境中相互关怀、共同前行的精神。同时，这个活动也提供了一个让更多人了解和欣赏芭蕾艺术的机会。芭蕾舞，作为一种高雅艺术，通过这样的活动得以普及和推广，让更多人能够领略其独特的魅力。

图 7-2　隔空接力项目中的美国芭蕾舞演员安杰丽卡·杰内罗萨（Angelica Generosa）

图 7-3　隔空接力项目中的芭蕾舞演员萨拉·莫恩斯（Sara Mearns）

以舞蹈为媒介，以艺术为桥梁，不仅给予了舞者们支持和帮助，也唤起了全球观众对公益事业的关注。它以美和爱为纽带，连接了世界各地的人，使人们共同为一个更美好的未来而努力。

二、上海国际舞蹈中心设公益项目"舞空间"——包容、共生

2018年4月29日是世界舞蹈日，上海国际舞蹈中心为市民带来了一场丰富的舞蹈盛宴。在这个特殊的日子里，多所舞蹈机构共同协办了"舞空间"活动，表演精彩纷呈。

对于残障群体的认知和对待方式，人们的观念各异。一些公益倡议通过感人的故事来唤起人们的同情，而另一些则倡导多元、包容和共生的理念，避免标签化解读。艺术作为一种共享的文化意识形态，具有包容性。包容性艺术实践鼓励残障人士、老年人及边缘群体表达情感，连接不同群体，实现共同协作、互相支持。

上海国际舞蹈中心自开放以来，已推出多种公益活动。2018年，该中心继续发挥专业力量，拓展活动内容，并推出新的品牌公益活动。其中，"舞空间"被打造成为面向市民的舞蹈艺术公共文化空间，推出明星系列公益讲座。这一面向广大市民开放的公益文化平台，让舞蹈艺术从遥不可及的殿堂走近民生。上海芭蕾舞团团长辛丽丽表示，他们将创作更多好作品，开展更多公益活动，让市民与高雅艺术面对面。

在世界舞蹈日活动中，艺术与公益的结合展现出深远的意义。一方面，艺术作为一种全球共享的文化体验，能够跨越语言和文化的障碍，为人们提供情感的连接，尤其为残障人士和其他边缘群体提供了一个表达自我和情感的平台。这种表达与沟通的方式同时也为大众提供了一个理解和接触他们的

窗口。通过艺术，人们可以体验到他人的情感和故事，从而产生共鸣，激发同情和援助之心。

　　这种结合不仅促进了不同群体的人们更好地相互理解和连接，打破社会隔阂，更倡导了平等与包容的价值。艺术公益活动强调所有人的平等价值和多样性，反对任何形式的歧视和排斥。它为需要帮助的群体提供艺术资源和平台，帮助他们实现自我表达和价值。同时，通过艺术作品和活动，提高公众对公益事业和弱势群体的关注度，进一步促进社会公正和平等。

图7-4　上海国际舞蹈中心设公益项目"舞空间"

三、舞蹈作品《虚幻之物》——公益舞蹈影像

《虚幻之物》是由"弥合鸿沟"舞团的编舞师露西·班尼特编排的舞蹈作品，于 2014 年在英国广受好评，甚至被纳入了英国普通中学教育课程中。2018 年，导演苏菲·费因斯为了致敬原版舞台作品，将 90 分钟的舞台演出浓缩为一部不到 30 分钟的短片，并在次年荣获"舞蹈银幕"奖 15 分钟以上银幕编舞奖。这部作品被英国文化协会推荐，成为第二届星空艺术节线上展映作品之一。

这部短片以人类的相互依存、力量与脆弱为核心，拍摄于一个废弃的郊区购物中心，由一群残障和非残障的舞蹈演员主演。舞者们通过"接触即兴"的后现代舞蹈形式进行表演，通过身体的接触和互动来展现千变万化的动作，注重身体和心灵的沟通。

《虚幻之物》这部舞蹈作品，不仅展现了舞蹈的艺术魅力，更在公益事业上发挥了积极作用。它通过艺术打破社会隔阂，促进不同群体间的理解和连接，连接人与人的情感和心灵。作品的主题——人类的相互依存、力量与脆弱，指向我们共同的生存状态和情感体验，使得观众无论残障与否都能从中找到共鸣，提升对残障群体的认知和理解。通过后现代舞蹈形式"接触即兴"，展现舞蹈的自由和创造力，为残障舞者提供展现自我、表达情感的舞台。《虚幻之物》被英国文化协会推荐，成为艺术与公益结合的典范，对于促进社会和谐、平等和包容有着深远的影响和启示意义。

图 7-5　舞蹈作品《虚幻之物》片段

图 7-6　舞蹈作品《虚幻之物》片段

图 7-7　舞蹈作品《虚幻之物》片段——舞者间的互动

四、委内瑞拉"音乐救助体系"——音乐抗争社会问题

"委内瑞拉青少年交响乐团与合唱团国家体系"(以下简称"体系")自 1975 年 2 月 12 日创立以来,一直致力于救助贫困青少年,通过音乐的力量改变他们的命运。起初,委内瑞拉仅有少数交响乐团和播放古典音乐的电台,而如今已有 35 万青少年加入"体系"学习古典音乐,其中大部分是贫困儿童。这些孩子在"体系"的培训下,逐渐崭露头角,成为世界级的青年音乐家,也孵化出了众多优秀的乐队。①

目前,"体系"已发展出庞大的音乐教育网络,包括 90 个幼儿交响乐

---

① 参见［英］肯·罗宾逊、［美］卢·阿罗尼卡《委内瑞拉国家青少年管弦乐团的"音乐救助体系"项目(EI Sistema)》(https://zhuanlan.zhihu.com/p/408381421?utm_id=0)。

团、130 个儿童交响乐团、288 个青少年交响乐团、30 个专业乐团、377 个合唱团、1355 个附属合唱团，以及 12 个吉他制造厂和 1.5 万名音乐教师。

经过 36 年的不懈努力和完善，"体系"取得了举世瞩目的成就，赢得了国际社会的广泛赞誉。它不仅被视为"人类和平与进步的典范"，更为社会文明、对抗贫困和远离毒品等领域探索出了一条切实可行的成功道路。

委内瑞拉位于南美洲北部，经济状况较为困难，人均 GDP 约为 3500 美元，贫困人口占总人口数的 75%。20 世纪 70 年代，贫困引发了一系列社会问题，青少年涉足毒品、帮派活动和枪支暴力的情况十分普遍。为了解决这些问题，委内瑞拉政府在音乐家何塞·安东尼奥·阿布莱乌的倡导下，于 1975 年创建了"音乐救助体系"。这一体系的建立并非出于培养音乐人才或打造世界级音乐大师的目的，而是希望通过音乐，让贫困地区的儿童和问题青少年远离毒品和犯罪，帮助他们找到正确的道路。阿布莱乌坚信音乐的力量，他表示："音乐能给予孩子们精神上的富足，帮助他们抵抗物质上的贫穷。通过音乐，孩子们可以树立自尊心和自信心，感受到来自另一个国度、另一个星球的奇妙。这或许是他们人生的转折点。"

调查显示，参加"体系"的孩子们的辍学率和犯罪率明显低于同龄的其他孩子。这一体系不仅为贫困孩子提供了新的生活可能性，还拉近了他们与家庭成员之间的关系，改善了他们所在社区的人文环境。委内瑞拉政府重视音乐教育在贫困社区中发挥的积极作用和示范效应，一直大力支持"体系"的发展。政府每年投入约 3000 万美元，占"体系"经费的九成。此外，联合国教科文组织和美洲开发银行等国际组织也为"体系"提供了资金支持。2008 年 10 月，委内瑞拉为"体系"新建的音乐中心在首都加拉加斯落成，其 2000 万美元的总投资由美洲开发银行资助。

经过多年的努力，"体系"已经成为一个成功的典范，不仅在委内瑞拉

图 7-8 委内瑞拉"音乐救助体系"

国内产生了深远影响,还赢得了国际社会的广泛赞誉。这一体系不仅为贫困孩子提供了学习音乐的机会,还改变了他们的人生轨迹。

从委内瑞拉的音乐救助体系看,艺术公益具有深远的意义。该体系自创立以来,便致力于为贫困家庭的孩子提供接触和学习的机会,让他们能享受到与富裕家庭孩子同等的资源。这一体系不仅为孩子们创造了学习音乐的机会,还帮助他们远离犯罪和毒品,为社会减轻了负担。

在委内瑞拉的音乐救助体系中,艺术被视为一种表达和沟通的方式,帮助个人发展独特的创造力和个性。孩子们通过学习音乐,不仅提升了技艺,更在音乐中找到自我表达和自我实现的途径。这种艺术教育不仅关注个人的成长,还通过教育和文化活动解决了一些社会问题,如贫困、犯罪等。

此外,艺术公益也在社区和文化建设方面发挥了积极作用。在委内瑞拉的音乐救助体系中,各种乐团和合唱团为社区提供了丰富的文化活动和交流机会，加强了社区的连结。这种以艺术为核心的社区建设方式，不仅丰富了人们的精神生活，还有助于提升整个社区的文化素质和凝聚力。

同时，艺术公益还具有跨越国界和文化的影响力。委内瑞拉的音乐救助体系不仅在国内产生了深远影响，还赢得了国际社会的赞誉和合作机会。通过国际合作与交流，这一体系得以不断发展和壮大，为更多贫困家庭的孩子带来希望和机会。

综上所述，艺术公益在教育机会、个性发展、社会问题解决、社区建设以及国际影响等方面都具有深远的影响。从委内瑞拉的音乐救助体系可以看出，艺术公益不仅能帮助个人实现自我价值、提升生活质量，还能为社会带来积极的变化。

第八章 艺术公益的青年力量

习近平总书记曾经说:"青年最富有朝气、最富有梦想,青年兴则国家兴,青年强则国家强。"① 同时,习近平总书记对应该怎样支持青年发展作出要求:"各级党委和政府要高度重视高校工作,始终关心和爱护学生成长,为他们放飞青春梦想、实现人生出彩搭建舞台。要全面深化改革,营造公平公正的社会环境,促进社会流动,不断激发广大青年的活力和创造力。要强化就业创业服务体系建设,支持帮助学生们迈好走向社会的第一步。各级领导干部要经常到学生们中去、同他们交朋友,听取他们的意见和建议。"② 艺术与青年公益原本为北京舞蹈学院的一门课程,旨在为青年学生们搭建一个能用自己所学、所悟,去实践、去创新的实现青春梦想和人生价值的平台。

什么是青年呢?联合国教科文组织和有关机构界定的范围大致在14—45周岁之间。

如今,这个词已不再仅仅标志着年龄,而是体现了一种人生阶段。尽管一个人的头发会变白,牙齿会脱落,但这些都无法改变一颗始终保持年轻的心,也无法减退那份充满热情与激情的生活态度。我们生活在这样一个时

---

① 习近平:《携手建设中国—东盟命运共同体——在印度尼西亚国会的演讲》,《人民日报》2013年10月4日第2版。
② 习近平:《青年要自觉践行社会主义核心价值观——在北京大学师生座谈会上的讲话》,《人民日报》2014年5月5日第2版。

代,它推崇的是充满活力、青春洋溢的精神风貌;它激励"青年"不仅成为一个词汇,更成为一个形容词。对"青年"一词的重新定义,以及对青年文化的深入理解,实质上是为了重新思考如何度过一个无悔的青春,以及如何塑造一个精彩的人生。

在当今社会,艺术公益逐渐成为人们关注的焦点。作为一种全新的公益形式,艺术公益将艺术与公益相结合,青年甚至更大范围的群体,作为艺术公益的实行主体,发挥着本身巨大活力和创造能力推动社会公益事业的发展。在这个过程中,青年一代肩负着重要的责任。本书将艺术公益与青年之间的关系进行进一步探讨,以期为我国艺术公益事业的发展提供一些有益的启示。

一、艺术公益的内涵与价值

(一)艺术公益的内涵

艺术公益是指将艺术与公益活动相结合,通过艺术的形式和力量,为社会公益事业做出贡献的一种社会活动。一方面,这种社会活动形式不仅丰富了公益活动的内涵,也为艺术创作提供了新的表达方式和平台。艺术公益活动可以包括艺术展览、演出、创作比赛等多种形式,旨在通过艺术的力量传递正能量,提升公众对社会问题的关注,同时促进艺术的传播和发展。另一方面,艺术公益活动的主体多元,包括艺术家、艺术机构、社会组织,以及本书中所面向的庞大的青年群体(艺术)等,他们通过自己的专业知识和技能,参与到社会公益事业中,如教育、扶贫等领域。这些活动不仅有助于解决社会问题,还能够提高公众的艺术素养,促进社会的和谐发展。

（二）艺术公益的价值

1. 提升公众审美素养

艺术公益使人们在享受艺术的同时，提高自己的审美素养，丰富精神文化生活。

2. 传播公益理念

艺术公益以生动、形象的方式传播公益理念，增强公众的公益意识。

3. 促进社会和谐

艺术公益事业对于缩小人们之间的心理距离、增强社会的和谐共处具有显著的作用。通过艺术的形式，人们可以更好地沟通与交流，彼此理解和信任的机会随之增加。

二、青年在艺术公益中的角色与责任

（一）青年在艺术公益中的角色

青年是国家的未来，是社会公益事业的重要力量。在艺术公益中，青年扮演着以下角色：

1. 参与者

青年是艺术公益的积极参与者，通过参与艺术活动，可以提升自己的专业技术水平和综合能力。

2. 传播者

青年作为国家发展的中坚力量，也是将艺术公益理念传播至全社会的重要渠道。

3. 创新者

青年具备创新精神，能结合自身的优势、发挥自己的特长以及整合身边的青年资源，为艺术公益注入新的活力。

（二）青年在艺术公益中的责任

1. 提升自身综合素质

青年应当在学习生活中，以及一次次积极组织和参与艺术公益活动的过程中，不断提升自己的审美素养和专业技术水平，提高自己的组织和参与艺术公益的能力。

2. 传播艺术公益理念

青年应在学习、工作、生活中，以身示范将艺术公益理念传播给更多的人，不积跬步无以至千里，坚持不懈地以青年群体的力量唤起全社会的公益意识。

3. 积极参与创新

青年应发挥自身敢想、敢闯、敢干的优势，发展自身专业、注重创新，才能为艺术公益项目活动形式、内容的创新和发展贡献力量。

三、艺术公益与青年发展的互动关系

（一）艺术公益对青年发展的促进作用

1. 提升青年审美素养

艺术公益有助于培养青年人的审美情趣和社会责任感，丰富他们的精神世界。

2. 培养青年创新精神

艺术公益鼓励青年勇于创新，培养他们的创新能力。

3. 增进青年人际交往

艺术公益活动有助于青年之间建立联系，拓宽人际交往的范围。

（二）青年对艺术公益的推动作用

1. 青年参与艺术公益

青年的参与使艺术公益更具活力，提升了活动质量。

2. 青年传播公益理念

青年将艺术公益理念传播至全社会，推动了公益事业的发展。

3. 青年创新艺术公益

青年为艺术公益注入新思路，促进了艺术公益的创新发展。

四、结论

艺术公益与青年之间维系着紧密的互动纽带。青年作为推动艺术公益事业发展的关键力量，肩负着促进其发展壮大的重要责任。与此同时，艺术公益也为青年的成长提供了积极的助力。鉴于此，我们应当对艺术公益与青年之间的关系给予高度重视，积极创造更多机会，鼓励青年广泛参与艺术公益活动，使他们在艺术与公益的交汇点上实现个人价值，进而为我国艺术公益事业的繁荣作出积极贡献。